다른 사람이 더 나은 삶을 살 수 있도록 도우면
더 멋진 삶을 살 수 있습니다.
(Helping People Live Better Lives.)

− 리치 디보스 & 제이 밴 앤델 −

님께

_____

자기 사업을 통해 성공을 꿈꾸는
소중한 당신에게 이 책을 드립니다.

드림

_____

경영과학박사 장영의

# 초연결 시대 최고의 비즈니스

경영과학박사 장영의

# 초연결 시대
# 최고의
# 비즈니스

장영 지음

전나무숲

모든 비즈니스는 꿈으로부터 시작되고,
플랫폼과 네트워크를 이해하면 누구나 성공한다.

# 생각의 차이가 부자를 만든다

20년 전에 《뉴밀레니엄 시대 최고의 비즈니스》와 《아마존이냐 eBay냐 퀵스타냐?》를 집필하면서 '인터넷을 통한 전자상거래가 유통혁명, 소비혁명을 일으킨다'고 썼다. 사실 그때는 핸드폰으로 인터넷을 자유자재로 쓰게 될 줄은 상상도 못 했다. 지금은 농경 사회, 산업 사회, 정보화 사회를 거쳐 초연결 사회(Hyper Connected Society)로 빠르게 이동하면서 과거에 상상만 하던 세상이 눈앞에 펼쳐지고 있다.

초연결 사회란 인터넷, 정보통신(IT) 기술 등의 발달로 사람, 데이터, 사물 등이 거미줄처럼 네트워크로 연결된 사회를 말한다. 애플의 스마트폰을 시작으로 촉발된 초연결 사회를 혹자는 "4차 산업혁명의 시대가 오고 있다"고 표현하는데, 이로 인해 새롭고 신기하고 편리해진 변화도 있지만 그 이면에는 달갑지 않은 변화도 일어나고 있다. 가장 큰 변화가 바로 일자리 영역의 변화다. 이제까지 노동직이 기계로 대체되고 사무직이 컴퓨터로 대체되어왔다면, 지금부터는 전문직이 인공지능(AI) 컴퓨터로 대체되어간다고 보면 된다. 그 여파로 사람이 하던 일들이 기계와 인공지능 컴퓨터와 로봇으로 대체되면서 그나마 남아 있던 전문직 영역, 즉 변호사, 판사, 교수, 교사, 회계사, 의사, 요리사 등의 일자리는 대폭 축소될 것이 불을 보듯 뻔하다. 그러니 전문가들이 "앞으로는 로봇과 인공지능이 넘보지 못하는 능력을 지녀야 살아갈 수 있다"는 말들을 하는 것이다. 과학과 의료 기술의 발달로 수명은 점점 더 길어지고 노령인구는 폭발적으로 늘어나는 반면 일자리는 갈수록 줄어드는 상황에서 앞으로 어떻게 살아가야 할지 심히 걱정된다.

그러면 기업들은 초연결 사회의 변화에 어떻게 대응하고 있을까? 세계를 움직이는 마이크로소프트, 구글, 애플, 아마존, 유튜브 등 첨단 IT 회사들은 초연결 사회를 이끄는 동시에 초연결 사회에 대응하고 있다. 이런 기업들은 자신들이 만든 플랫폼에 고객을 유치하고, 거기에 거대한 자본력과 기술력을 투자해 새로운 제품과 서비스들을 끊임없이 선보이고 있다. 이들이 검색엔진 기술과 데이터베이스 기술을 기반으로 동영상 스트리밍, 클라우드 컴퓨팅, 미디어 콘텐츠 서비스 사업 등 다양한 시장으로 지평을 넓혀가는 것을 보면 소름이 돋을 정도다.

일반인이 그런 첨단 기업들과 경쟁할 생각을 하면 주눅이 들수밖에 없다. 우리 같은 사람들이 할 수 있는 일은 그런 기업들이 만들어놓은 플랫폼에 들어가서 상생하는 방법을 찾거나, 대기업이나 대자본가들이 '시장이 작다'는 이유로 손대지 않은 영역에서 생존해가는 방법밖에 없는 것 같다. 그러나 후자는 오히려 경쟁이 더 심한 레드오션인 경우가 많고, 시장이 작으니 성공하기도 쉽지 않다. 플랫폼과 네트워크로 비즈니스가 이루어지는 세상에서 일반인이 첨단 기업들의 플랫폼을 이용해 돈을 벌 수 있는 방법은 거의 없으며, 있다 하더라도 소수인 경우가 대부분이다. 자영업자들과 중소기업이 그 예다.

그러면 우리 같은 사람들은 초연결 사회에서 어떻게 살아가야 할까? 이런 사회에서 성공하려면 무엇을 어떻게 준비해야 할까? 이 상황에서 우리가 할 수 있는 일은 인공지능과 로봇이 할 수 없는 분야를 찾아내 시장을 선점하는 것뿐이다. 성공하려면 실력을 갖추어야 한다고들 하지만, 전문 능력이 인공지능으로 대체되어가는 초연결 시대에는 사람만이 갖출 수 있는 인성과 커뮤니케이션 능력, 공감 능력, 리더십, 감성 등의 자질을 갖추는 것이 곧 실력으로 인정받게 될 것이다.

삶을 길게 내다보는 사람들 중에는 초연결 시대가 올 것을 미리 예측하고 이런 자질을 키우기 위해 유명한 리더십 프로그램이나 코칭 프로그램에 등록하며 공부한 사람들이 있다. 필자도 젊었을 때는 그런 교육 프로그램을 찾아다니면서 공부했다. 그러나 많은 것을 경험해보니 이런 자질을 키우는 데는 암웨이 사업만 한 것이 없는 것 같다. 일반 교육 프로그램은 이론으로 배우고 끝나지만, 암웨이 사업은 이론으로 배운 것을 실전에 적용하면서 더 많은 것을 터득할 수 있기 때문이다. 그것도 돈을 벌면서 말이다. 게다가 작게 시작한 수입이 자산 수입으로 발전하니 평생 돈 걱정 없이 살 수 있게 되어 좋고, 나이 들어서도 할 수 있는 일이어서 더 좋다. 급변하는 초연결 시대에 사람들이 꼭 추구해야 할 것이 평생 학습, 평생 인세 수입, 평생 할 일인데, 이 세 가지를 동시에 충족시켜주는 일이 암웨이 네트워크 사업인 것이다.

암웨이는 최첨단 기술력과 막강한 자본력을 소유한 세계적인 초우량 기업으로 미래 산업의 화두인 건강, 미용, 친환경 제품을 직접 생산하는 제조회사이다. 암웨이 인터넷 쇼핑몰을 통해 암웨이 제품을 유통시키는 권한을 회원들에게 개방해서 우리 같은 일반인도 인터넷 사업의 기회를 얻을 수 있다.

초연결 시대에 네트워크마케팅, 그중에서도 암웨이 사업의 성공 가능성을 크게 보는 이유는 인공지능이 회원 네트워크까지 자동으로 만들어주지는 못하기 때문이다. 지극히 인간적인 자질이 뒷받침되어야 하는 네트워크 문화를 컴퓨터로 만들어낼 수는 없지 않겠는가. 네트워크가 안정적으로 유지되고 발전되기 위해서는 어떤 형태로든 사람이 개입해서 관계를 형성하고 상대방에게 신뢰와 유익을 주어 누구나 함께하고 싶어하는 네트워크 환경을 만들어내야 한다. 개인 간의 신뢰와 유대감이 쌓이면서 형성된 네트워크는 한번 만들어지면 지속될 가능성이 높다.

그러나 '아무리 좋아도 이해하지 못하면 소유할 수 없다'는 괴테의 말처럼, 플랫폼의 개념은 물론 네트워크마케팅과 암웨이 시스템을 정확히 이해하지 못하면 필자가 이 책에서 하는 말들이 소귀에 경 읽기가 될 것이다.

사실 우리나라에서는 네트워크마케팅에 대한 부정적인 선입견이 많지만, 선진국에서는 이미 인정받는 사업 시스템이다. 한 예로, 미국의 대통령 트럼프에게 어느 방송진행자가 "부동산 사업을 하지 않았다면 무엇을 했을까요?"라고 물었더니 "아마 네트워크마케팅 사업을 했을 것"이라고 주저없이 대답했다고 한다. 방청석에서 "에이~" 하면서 야유를 하자 트럼프가 정색하면서 "그러한 고정관념 때문에 여러분은 방청석에 앉아 있고, 나는 이 무대의 주인공이 되어 있는 것"이라고 답변했다고 한다. 얼마나 정곡을 찌르는 말인가. 트럼프는 미국의 대통령이 되기 전에 《부자 아빠 가난한 아빠》의 저자인 로버트 기요사키와 함께 네트워크마케팅 관련 책 《기요사키와 트럼프의 부자》를 공저하기도 했다.

초연결 시대에 어떻게 살아가야 할지 불안한가? 지금의 삶이 만족스럽지 못한가? 네트워크마케팅이나 암웨이에 대한 고정관념이 있었는가? 살아보니, 암웨이뿐만 아니라 어떤 사물이나 대상에 대한 고정관념 혹은 편견이 강할수록 호기심이 적거나 배움에 있어 융통성이 없는 경우가 많은 것 같다. 그런 행동이 습관이 되면 자기가 알고 이해하는 범위 안에서만 결론짓고 행동하게 된다. 그 결과 발전 없는 삶을 살고 만다. 반면 부자나 성공한 사람들은 생각이 열려 있어 자기가 모르는 분야에 대해 마음을 열고 들으려 한다. 이처럼 생각의 차이는 큰 결과의 차이를 낳는다. 여러분은 고정관념에 갇혀 사는 헛똑똑이가 되지 않기를 부디 바란다.

코로나19 경제위기 상황을 겪으면서 2차 수입에 대한 필요성, 개인의 건강관리와 면역력 향상을 위한 건강기능식품에 대한 관심이 급증하고, 비대면 온라인 사업 환경 구축에 대한 중요성이 점점 부각되고 있다. 이런 점에서도 암웨이 사업은 충분한 대안이 될 수 있다.

'내 생각이 틀릴 수도 있어' 하는 열린 마음, '내가 아는 것이 전부가 아닐 수도 있어' 하는 겸손한 마음, '나도 성공할 수 있어' 하는 자신감으로 책장을 넘기길 기대한다.

_ 장영

"인생의 큰 즐거움은
끝없이 돈을 버는 데서 오는 것이 아니라
부를 창출하고 이웃과 사회와 나누는 데서 온다.
모든 사람은 자신이 가진 재능과 능력을
가장 효율적인 방법으로 활용해
하나님과 이웃을 위해 써야 한다.
우리가 얼마나 많이 가졌는지
적게 가졌는지가 중요한 게 아니라,
우리가 가진 것을 최대한 활용해
어떻게 부를 창출하느냐가 중요하다.
개인의 부를 나누는 것은 선택사항이 아니며,
이웃과 사회에 반드시 공유되어야 한다."

**리치 디보스 & 제이 밴 앤델**
암웨이 공동창업자의 인터뷰 중에서

# 차 례

# 제1장

## 더 늦기 전에
## 나의 꿈, 나의 인생을
## 펼쳐보자

인생은 연습 없이 무대에 툭 던져진 단막극과 같다. 우리는 정해진 대본도 각본도 리허설도 없이 인생이라는 무대에 오른다. 모든 것이 처음이다. 인생에 대한 설명서도 없다. 학교와 사회생활을 거치면서 어렴풋이 '이렇게 사는 게 인생인가?' 하다 보면 어느덧 노년이 되어 삶에 대한 후회와 아쉬움으로 인생을 되돌아보게 된다.

한 번뿐인 인생, 그럭저럭 살다가 마감하기에는 너무 아쉽다. 인생이 연극이라면 나의 배역은 무엇일까? 누구나 꿈이 있을 텐데, 그 꿈을 일부라도 실현해보고 죽어야 하지 않을까? 그러나 꿈을 실현하려면 그에 상응하는 비용이 든다. 그래서 사람들은 꿈꾸기를 두려워한다. 살아가는 데 필요한 비용에 꿈을 이루는 데 꼭 필요한 비용까지 벌 자신이 없기 때문이다. 그렇다고 꿈을 포기하기엔 아쉽지 않은가? 더 늦기 전에 나의 꿈이 무엇인지 다시 생각해보고 그 꿈을 추구하는 인생이 되어야 하지 않을까? 나에게 어울리는 배역을 찾는 순간 인생이 새롭게 펼쳐진다.

사업이란 잘될 때도 있고
힘들 때도 있기 마련이죠.
그럼에도 불구하고 우리는 늘 자신이 가진
간절한 꿈과 열정을 잃지 않도록 노력해야 합니다.
어려운 상황이 닥쳐오더라도
처음에 가졌던 마음과 자세 그대로
꾸준히 사업을 진행하는 것만이
어려움을 극복하는 방법입니다.

류인익&강현숙
암웨이 FCA 40 성공자 인터뷰 중에서

# 나는 무엇을 위해
# 사는가?


'지금 세상은 인류 출현 이후 최고로 풍요롭다.'


당신은 이 말에 동의하는가? 역사학자들은 말한다. 인류는
물질적 빈곤 시대에서 정신적 빈곤 시대를 겪은 뒤에 영적 빈곤
시대에 이른다고. 물질적 빈곤을 채우는 과정에서 웰빙이 중요
했다고.

웰빙은 안전한 의식주가 기본이다. 당신의 웰빙은 채워졌는
가? 어떤 음식을 먹어야 안전한지, 어떤 옷을 입어야 건강에 좋
은지, 어떤 주거 환경에서 살아야 좋은지 잘 알고 있는가? 유전

자 변형 농산물(GMO)로 만든 식품과 공장에서 만드는 인스턴트식품이 범람하는 이 시대에 어떤 먹거리를 먹어야 안전한지 아는가? 각종 화학물질 투성이 건축자재로 만들어진 주거 환경에서 안전하게 살고 있는가? 안전한 세제, 목욕용품, 화장품은 어떤 기준으로 선택해야 하는지 알고 있는가? 이를 잘 모른다면 아직 웰빙을 제대로 누리지 못한 것이다.

의식주의 안전 문제를 해결하고 나면 그다음으로 중요하게 여길 것이 힐링이다. 안전한 먹거리, 즉 육체의 욕구가 해결되면 정신을 만족시켜줄 취미, 운동, 여행, 여가활동, 스트레스 해소, 명상 등 힐링을 추구하게 된다. 여러분은 바쁜 일상에서 벗어나 정신적인 만족을 위해 어떤 활동을 하는가? 여러분의 힐링 욕구는 채워졌는가?

육체적인 만족과 정신적인 만족이 채워지면 영적인 만족을 추구하게 되는데, 미국의 심리학자 매슬로의 욕구단계설에 따르면 욕구 피라미드에서 가장 꼭대기에 자리잡은 것이 자아실현이다. 자아실현 다음에는 자기초월, 즉 도덕이 있다고 한다. 이 상태의 욕구를 혹자들은 행복 욕구라 한다.

자아실현이란 미래에 대한 비전을 가지고 꿈을 이루어나가는 것이다. 이때의 자아실현은 나 혼자 잘 먹고 잘사는 것이 아니다. 더 많은 사람과 더불어 잘살겠다는, 보다 크고 높은 것을

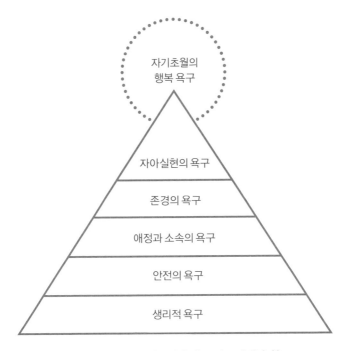

**매슬로의 욕구 피라미드에서 나는 어느 단계인가?**

추구하며 자기초월적 삶을 지향하는 욕구다. 자기초월은 삶의 의미와 가치를 발견하고 그 가치를 추구하는 것을 말한다. 이렇게 자아실현을 추구하고 충족시키며 살 때 우리는 행복감을 느낄 수 있다.

여러분은 지금 웰빙을 추구하는 단계인가, 힐링을 추구하는 단계인가, 행복을 추구하는 단계인가?

# 나에게도
# 꿈이 있었나?

자아실현과 꿈은 밀접한 관련이 있다. 그런데 안타깝게도 사람들에게 꿈이 무엇이냐고 물어보면 당황한다. 현실의 삶에 짓눌려 꿈을 추구하지 못하는 삶을 살아가고 있기 때문이다.

여러분은 어떤가? 어렸을 때 꿈이 있었는가? 어떤 사람이 되고 싶었는가? 어렸을 때의 꿈, 되고 싶었던 사람을 기억한다면 축하할 일이지만, 한동안 잊고 살아서 '내게도 꿈이 있었나' 하고 고개를 갸웃하고 있지는 않을까 봐 안타깝다.

## 나의 자화상

필자는 '아폴로 세대'다. 아폴로 11호가 달에 착륙하는 모습을 보면서 우주에 대한 꿈과 희망을 꿈꿔온 세대 말이다. 초등학교 2학년 때인가? TV에서 인류가 달에 발을 내딛는 장면을 보고 흥분했던 기억이 지금도 생생하다. 그래서인지 어렸을 때의 꿈은 과학자였다. 과학자가 되면 멋진 인생을 살 수 있을 줄 알았다.

지금은 비록 과학자로 살고 있지는 않지만, 카이스트(KAIST)에서 경영과학을 전공하고 과학자 비슷한 길을 걸었던 시절에는 내 모습을 보면서 '이게 과연 어렸을 때 되고 싶어했던 모습인가, 그렇게 살아가고 있는가' 하는 의구심이 들 때가 많았다. 왜냐하면 일은 좋은데 시간에 늘 쫓기고, 내가 하고 싶은 일은 시도조차 못 하고, 재정적으로도 여유롭지 않고, 도움이 필요한 분들을 선뜻 도와주지도 못하는 현실이 내가 어렸을 적에 꿈꿨던 삶과는 거리가 멀어 보였기 때문이다.

필자처럼 여러분도 꿈 많던 어린 시절과 학창 시절, 젊은 시절을 거쳐 지금에 이르렀을 것이다. 하고 싶은 것도 많았고, 가고 싶은 곳도 많았고, 또 되고 싶은 것도 많았을 것이다. 하지만 각박하고 분주한 현실에서 꿈을 잊은 채 허둥지둥 지내왔

## 우리의 현재 자화상

- 시간에 늘 쫓기며 사는 삶
- 청구서로부터 자유롭지 못한 삶
- 부모와 자식을 잘 섬기지 못하는 삶
- 내가 하고 싶은 일을 하지 못하는 삶
- 재정적으로 결코 여유롭지 못한 삶
- 재정적인 한계 때문에 이웃을 돕지 못하는 삶

을 것이다. 여러분은 어떤 꿈이 있었는가? 지금도 그 꿈을 이루기 위해 애쓰고 있는가? 아니면 "살아가기도 힘든데 무슨 놈의 꿈~" 하고 체념한 지 오래인가?

사람은 원래 꿈을 실현하며 자유롭게 살기 위해 태어났다. 단순히 먹고 자고 싸고 종족을 늘리기 위해서 태어난 것만은 아닐 것이다. 이 세상에 태어났으면 더 나은 세상을 만드는 데 무언가 조금이라도 기여하고 가야 후회가 없을 것이다. 지금 그렇게 살고 있는 사람들은 꿈을 잊지 않고 산 사람들이다. 어렸을 때의 꿈을 현실로 이뤄가면서 사는 분들은 참으로 행복한 사람들이다. 그런 분들은 이 책을 덮으셔도 좋다.

그러나 지금 자신의 모습이 만족스럽지 못하고 평소에 꿈꾸던 삶과는 다르게 살고 있다고 생각한다면, 그리고 앞으로도 희망이 안 보인다고 생각한다면 이 책을 끝까지 읽어보기 바란다. 왜냐하면 필자 또한 이 책에 담긴 내용을 통해서 그동안 잊고 살았던 꿈을 되찾았고, 하나하나 현실로 이뤄가고 있기 때문이다. 여러분도 잃어버린 꿈을 되찾아 멋진 인생을 살아갈 수 있기를 진심으로 바란다. 이런 마음은 20년 전이나 20년이 지난 지금이나 변함이 없다.

능력 있던 내 친구들은 이제 50% 이상이 직장에서 은퇴했지만, 필자는 사업을 하고 있기에 은퇴에 대한 걱정을 하지 않는다. 인생은 리허설이 없는 단막극이다. 인생이라는 무대에서 나의 배역은 무엇인지를 알아야 한다. 아직 모르다면 내가 처한 역사와 시대적 상황을 되새기면서 내게 맞는 최적의 역할을 찾아보자. 지금이라도 늦지 않았다.

# 5년 뒤, 10년 뒤의
# 나는 어떤 모습일까?

우리는 대부분 학교 문을 나서자마자 일을 시작해 지금도 하고 있다. 우리 중 70~80% 정도는 직장에서, 나머지 20~30%는 자영업이나 전문 분야에서 일을 하고 있다. 여러분은 왜 직장생활을 하는가? 여러분은 왜 자영업이나 전문직에 종사하는가? 어떤 사람은 "자아실현을 위해서", 어떤 사람은 "인생을 즐기기 위해서", 어떤 사람은 "먹고살기 위해서"라고 말할 것이다.

그렇지만 우리 대부분은, 인정하고 싶지 않겠지만, 먹고살기 위해서 일한다고 볼 수 있다. 급여를 받지 못하는데도 직장에 나갈 사람이 있는가?

그러면 여러분은 지금 먹고사는 문제를 얼마나 해결했는가? 사회생활을 시작한 지 10년이 넘었는데도 여전히 시간과 돈에 쫓기는 고달픈 인생을 살아가고 있지는 않은가? 언제까지 그렇게 살아갈 것이라고 생각하는가?

끝이 보이지 않는다면 지금은 냉철하게 분석하고 미래를 위한 준비를 해야 하지 않을까? 지금까지 살아왔던 삶의 방식으로 계속 살아간다면 시간과 돈의 굴레에서 영원히 벗어날 수 없을 것이다.

아인슈타인은 "똑같은 일을 반복하면서 다른 결과가 나오기를 기대하는 것은 어리석은 일"이라고 말했다. 여러분은 보다 나은 삶을 위해서 지금 어떤 준비를 하고 있는가? 지금 여러분의 모습은 5년 전, 10년 전 했던 일의 결과다. 똑같은 논리로, 지금 무엇을 준비하느냐가 5년 뒤, 10년 뒤의 인생을 결정할 것이다. 5년, 10년은 눈 깜짝할 사이에 지나간다.

# 다람쥐 쳇바퀴 같은
# 인생으로는 안 된다

선진국의 근로자 중 95% 이상이 연 수입 5천만 원 이하이고, 연 저축액이 250만 원 정도라고 한다. 이를 다른 관점으로 보면, 슬프게도 95% 이상의 사람들이 고용주의 이익을 위해서 일하고 있는 것이다. 진실로 좋은 직장이라는 것은 대부분 환상에 불과하다. 근무 시간, 근무 조건, 급여, 진급, 휴가 계획 등을 우리 스스로 결정할 수 있는 꿈의 직장은 없기 때문이다.

위의 통계처럼 사람들 대부분이 생계 유지를 위해 재정적 좌절이라는 쳇바퀴에 갇혀서 인생을 보낸다. 여러분도 다람쥐처럼 매일매일 그 자리를 맴돌면서 살고 있지는 않은가? 선진국에서조차 재정적으로 여유롭게 살아가는 사람들이 5%에 불과하다는데, 여러분은 어느 쪽인가? 상위 5%에 속하는가, 아니면 매일 쳇바퀴를 돌리듯 사는 95%에 속하는가?

지금은 그럭저럭 살고 있지만, 은퇴 후의 삶은 어떨지 생각해보았는가? 참고로, 아래 표와 다음 페이지에 나오는 표를 보면 우리나라 사람들의 기대수명은 점점 늘어나고 있으며, 직장인들이 예상하는 정년은 법정 정년(만 60세)보다 낮은 것으로 나타났다. 그만큼 미래에 대한 불안감이 클 수밖에 없다.

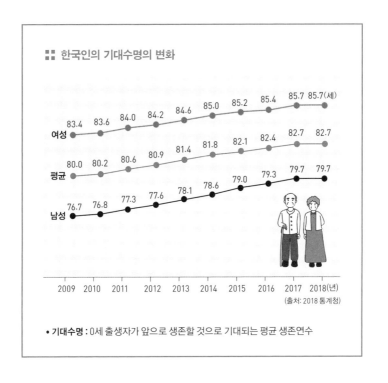

**:: 한국인의 기대수명의 변화**

여성
83.4　83.6　84.0　84.2　84.6　85.0　85.2　85.4　85.7　85.7(세)

평균
80.0　80.2　80.6　80.9　81.4　81.8　82.1　82.4　82.7　82.7

남성
76.7　76.8　77.3　77.6　78.1　78.6　79.0　79.3　79.7　79.7

2009　2010　2011　2012　2013　2014　2015　2016　2017　2018(년)
(출처: 2018 통계청)

• **기대수명** : 0세 출생자가 앞으로 생존할 것으로 기대되는 평균 생존연수

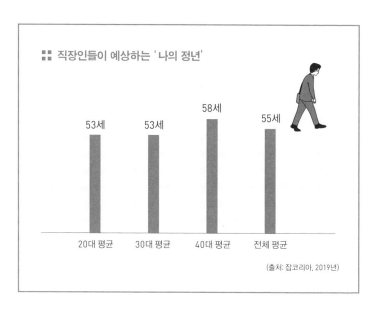

여러분이 노인이 되어 죽을 때쯤이면 기대수명이 100세를 훌쩍 넘어 120세가 될 가능성이 높다. 수명은 이처럼 길어지는데 노후를 위해 준비해놓은 돈이 없으면 정말 힘든 인생을 맞이하게 될 것이다.

길고 긴 노후를 위해 더 이상 미룰 시간이 없다. 무언가 준비하지 않으면 안 되는 시기가 다가오고 있다. 모든 것이 자동화되고 인공지능화되는 초연결 시대에는 사람에게 돌아갈 일자리가 점점 줄어들기 때문이다.

# 우리의 흔한 착각 :
# 고등교육 = 좋은 직장 = 성공

우리는 왜 이렇게 미래를 불안해하며 살아야 하는가? 10여 년 이상 사회생활을 했음에도 삶이 나아지지 않았다면 앞으로 도 그럴 가능성이 높다. 앞으로 5년 뒤, 10년 뒤 여러분의 모습 은 어떨까? 어떤 모습으로 살게 될지 상상해보았는가?

직장인이라면 바로 내 뒤에 앉아 있는 직장 선배의 모습이 5년 뒤, 10년 뒤의 내 모습이 될지 모른다. 직장 선배의 삶을 진실로 닮고 싶은가? 그렇다면 현재 하는 일을 계속하라. 그러 나 그들의 삶을 닮고 싶지 않다면 무언가 다른 일을 준비해야 한다.

그런데 왜 우리는 직장인으로 살아가기를 고집할까? 그것은 우리가 잘못된 고정관념을 가지고 있기 때문이다.

우리는 암묵적으로 좋은 교육을 받으면 좋은 직장을 얻고, 좋은 직장에서 일하면 성공적인 인생을 살게 된다는 착각 속에서 살아왔다. 그러나 이는 직장 근무 연한이 충분히 보장되었던 고도성장 시대에나 통했던 얘기일 뿐, 지금처럼 변화의 속도가 무척 빠르고 고용이 불안정한 초연결 사회에서는 맞지 않는 얘기이다.

여러분은 지금 하는 일이 자랑스러운가? 내 아이에게 물려주고 싶을 만큼 진정 만족스러운가? 만약 여러분이 현재와는 다른 방식으로 살고 싶다면 이제까지 살아온 방식을 뒤돌아볼 필요가 있지 않을까? 어디서부터 잘못되었는지를 살펴보고, 지금과는 다른 방식으로 살아가야 한다는 생각을 해야 하지 않을까?

필자는 직장생활을 10년 하고서야 이 사실을 깨달았다.

# 관심을 현실로
# 바꿀 수 있다면

여러분은 주로 무엇에 관심이 있는가?

많은 사람을 접하다 보니 사람들의 주된 관심사를 아래와
같이 7가지 범주로 구분할 수 있었다.

- **건강** : 비만, 탈모, 자녀의 성장과 발달, 질병, 노화 등
- **돈** : 경제적 독립, 노후 준비, 자녀 교육, 재테크 등
- **관계** : 부부, 자녀, 부모, 상사, 동료, 이웃 등
- **일** : 이직, 승진, 투잡, 자기 사업 등
- **자기계발** : 리더십, 어학, 요리, 미용, 취미 등

- **봉사** : 종교, 자선사업 등
- **기타** : 그 외의 관심사들

위의 관심사들 중 제일 중요하게 생각하는 것 1~2가지만 골라보라.


## 나의 관심사는 어디에서 비롯되었나?

만약 위의 관심사들 중에서 '돈'을 선택하며 "나의 주요 관심사는 돈을 벌어서 자유롭게 사는 것이다"라고 답했다면 아래의 질문을 스스로에게 해보라.

- 돈을 버는 것에 관심을 갖는 이유는?
- 언제부터 관심을 갖게 되었나?
- 월수입이 어느 정도이길 원하는가?
- 돈 문제를 해결하기 위해 어떤 노력을 했는가?
- 그 노력은 효과가 있었나?
- 지금은 재정 상태가 어떤가?
- 돈 문제를 해결할 좋은 방법이 있다면 관심이 생기겠는가?

어떤 사람은 당뇨병·고혈압·암 등 건강 문제 때문에, 어떤 사람은 부모를 모시는 문제 때문에, 어떤 사람은 육아와 아이들 진로 때문에, 어떤 사람은 갚아야 할 부채 때문에 돈에 관심을 가질 것이다.

사실 모든 고민을 하나하나 따져보면 결국 돈과 시간 문제로 귀착된다. 돈과 시간 문제만 해결되면 건강도, 사람과의 관계도, 일도, 자기계발도, 봉사도 쉽게 해결되는 부분이 많다. 돈과 시간 중에서 제일 중요한 것이 돈이다. 물론 돈만 있으면 모든 문제가 해결된다는 뜻은 아니지만, 돈이 충분하면 상당 부분 좀 더 쉽게 해결할 수 있다.

그러면 얼마나 벌어야 내가 처한 문제들을 해결하면서 나도 가족도 자유롭게 살 수 있을까? 그 돈을 벌기 위해 나는 어떤 노력을 해왔고 얼마를 벌었는가? 그 노력이 효과는 있었는가? 아마 그리 만족스럽지 않았을 것이다.

만약 재정적인 문제를 해결할 수 있는 좋은 방법이 있다면 어떨가? 여러분이 현재의 일을 하면서 여분의 시간을 활용해 2~5년 만에 경제적인 자유를 얻을 수 있는 방법이 있다면 알아보겠는가? 그 일이 자본을 투자하지 않고 시간을 들여서 인세 같은 꾸준한 수입을 가져다준다면? 게다가 그 수입이 자식에게도 상속된다면 기꺼이 시간을 내서 알아보겠는가?

## 무엇을 선택할 것인가?

필자는 여러분에게 두 가지 제안을 하려고 한다.

첫째, 열심히 일해서 그럭저럭 돈은 벌지만 일을 그만두게 되면 수입이 줄어들어 돈 걱정을 하면서 사는 인생이다.

둘째, 같은 방식으로 일하는데 추가로 애용자 네트워크를 만들어서 평생 인세와 같은 수입으로 여유 있게 사는 인생이다.

어떤 것을 선택하겠는가?

바보가 아닌 이상 누구나 후자를 선택할 것이다. 그러나 지금처럼 산다면 후자처럼은 살지 못한다. 돈보다 중요한 것은 돈 버는 방식이다. 돈 버는 방식을 바꿔야 후자처럼 살 수 있다.

보통 사람들은 당장의 수입(급여, 수당)에 관심이 많다. 그러나 부자들은 자산에 관심을 갖는다. 당장의 수입은 일을 그만두면 모래성처럼 없어지지만, 자산은 일을 그만두어도 지속되기 때문이다. 애용자 네트워크도 부동산이나 금융 자산처럼 자산이다. 그래서 많은 사람이 애용자 네트워크를 구축하고 있다.

특히 다가오는 초연결 사회에서는 플랫폼과 네트워크의 가치가 부동산이나 금융 자산의 가치보다 더 높다. 여러분도 플랫폼과 네트워크의 가치를 이해하면 반드시 관심을 가지게 될 것이다. 그리고 인세와 같은 수입을 경험하게 될 것이다. 왜냐하면 필자가 권유하게 될 일은 지금 하는 일을 계속 하면서 생필품을 바꿔 쓰기만 하면 되고, 일주일에 한두 번의 모임을 통해 성공하는 사업 시스템을 배우면 누구나 할 수 있는 일이기 때문이다.

# 제2장

## 세상은 어디로
## 가고 있나?

미래학자 앨빈 토플러는 "인류는 농경 기술을 발견한 이래 1만 년의 제1의 물결을 지나, 산업혁명에 의한 기술 혁신으로 300년 동안 제2의 물결을 경험하였으며, 이제는 고도로 발달한 과학 기술에 의해서 제3의 물결이라는 대변혁을 맞이하였다"라고 말했다. 그러면서 각각의 사회를 농경 사회, 산업 사회, 정보화 사회라고 규정했다. 이제는 제3의 물결을 지나 제4의 물결인 초연결 사회로 가고 있다.

　초연결 사회는 IT 기술을 바탕으로 사람, 프로세스, 데이터, 사물 간의 연결을 통해 스스로 학습하고 사고하고 커뮤니케이션하며 새로운 차원의 서비스를 제공해 인류의 삶에 엄청난 변혁을 가져오는 사회를 말한다. 이처럼 세상이 획기적으로 빨리 변하기에 우리는 미래의 변화를 예측하고 이에 대비하는 삶을 살아야 한다.

이 사업은 평범한 사람이
미래를 대비하며 평생 할 수 있는
비즈니스입니다.
따라서 쉽게 가려고 하기보다는
농부가 씨를 뿌리고 거름을 주듯
한 단계씩 차곡차곡 이루어나가다 보면
반드시 열매를 맺게 됩니다.
그것이, 느린 것 같지만
사실 가장 빠른 성공의 길입니다.


홍진희&김종수
암웨이 FCA 40 성공자 인터뷰 중에서

# 점점 빨라지는
# 변화의 속도

앨빈 토플러는 《제3의 물결》이란 책에서 제1의 물결은 농경 사회, 제2의 물결은 산업 사회, 제3의 물결은 정보화 사회라고 규정했다. 지금은 제3의 물결을 지나 제4의 물결인 초연결 사회로 이동하고 있다.

초연결 사회는 IT 기술을 바탕으로 사람끼리는 물론 사물까지 연결되어 스스로 학습하고 판단함으로써 자동 실행하는 사회, 인류의 삶에 엄청난 변혁을 가져오는 사회를 말한다. 즉 소셜미디어 및 IT 혁명으로 사람과 사람, 사람과 단말기, 단말기와 단말기, 사물과 사물 간에 긴밀히 연결되어 이메일, 클라우

드, 문자 메시지 등 다양한 커뮤니케이션 장치로 연결되는 사회
가 초연결 사회다.

**▪▪ 우리는 지금 초연결 사회로 이동하고 있다**

| 사회의 흐름 | | 지속 기간 | 권력의 원천 |
|---|---|---|---|
| | 제1의 물결<br>**농경 사회** | 1만 년 | 토지,<br>노동력 |
| | 제2의 물결<br>**산업 사회** | 300년 | 자본,<br>기술 |
| | 제3의 물결<br>**정보화 사회** | 30년 | 정보,<br>지식 |
| | 제4의 물결<br>**초연결 사회** | ?년 | 플랫폼,<br>네트워크 |

## 제1의 물결 : **농경 사회**

인류가 수렵 생활을 마감하고 정착 생활을 통해 문명이 발달되면서 농경 사회가 약 1만 년간 지속되었다. 이것이 앨빈 토플러가 말한 제1의 물결이다. 이 사회에서는 노동이 생산의 주요 원천이었다. 그래서 '노동력'이 있고 '토지'를 많이 가진 지주일수록 막강한 권력을 행사했다. 봉건사회에서의 영주들이 그 예다.

농경 사회에서는 대부분 운명적인 핏줄에 의해 계급이 결정되었고, 주로 사용된 동력원은 사람·가축·물과 바람 등으로, 자연이 주는 것만 거두며 살았다.


## 제2의 물결 : **산업 사회**

사회가 발전하면서 인간은 점차 자신에게 필요한 물건을 만들어 쓰기 시작했다. 좀 더 유용하고 정교한 물건을 만들기 위해 기술이 필요해졌고, 1700년경부터 기술이 다방면으로 발명되면서 산업혁명이 촉발되었다.

가장 큰 계기는 1770년 전후에 와트(James Watt, 1736~1819)가 설계한 증기기관이었다. 증기기관이 값싼 동력을 제공하면서 모든 산업 분야의 제조 공정을 뒤바꾸어놓았고, 그 결과 생산성이 대폭 향상되어 대량생산과 대량소비가 가능해졌다.

약 300여 년간 지속된 산업 사회에서는 '기술'과 '자본'을 원천으로 생산 수단을 가진 공장주와 기업주가 부와 권력을 누렸으며, 그 추세는 지금까지 이어져오고 있다. 산업혁명 이후로 과도하게 늘어난 에너지 사용은 천연자원의 고갈과 환경오염 등 지구환경을 파괴하는 수많은 부작용을 낳았으며, 현재 전 지구적인 문제가 되고 있다.

## 제3의 물결 : 정보화 사회

그다음이 제3의 물결로 표현되는 정보화 사회다. 정보화 사회는 30여 년 정도 지속될 것으로 보았다. 몇 년이 중요한 것이 아니라 연수의 자리수가 줄어들었다는 사실이 중요하다. 한 시대를 지배하는 사회 패러다임이 점점 더 짧아지고 있음(10,000→300→30→?)을 의미하기 때문이다.

이 시대에는 '정보'와 '지식'이 많고 이를 잘 활용하는 사람이 부와 권력을 누렸다. 필요한 지식은 언제든지 컴퓨터에서 꺼내 쓰면서 기존의 지식과 정보를 조합해 새로운 지식과 정보를 창조해내는 능력이 무엇보다 중요했다. 여기서의 정보는 주로 사람과 사람이 만들어낸 정보를 기반으로 한다.

정보화의 물결은 컴퓨터 회사를 대표하는 IBM, 소프트웨어 기술을 대표하는 마이크로소프트, 유통회사를 대표하는 월마트 등의 기업을 성장시켰다.


## 제4의 물결 : 초연결 사회

초연결 사회는 IT 기술을 바탕으로 사람, 프로세스, 데이터, 사물이 서로 연결됨으로써 지능화된 네트워크를 구축해 새로운 가치와 혁신을 창출하는 사회다. 초연결 사회에서는 정보화 사회보다 IT 기술의 발전이 더 가속화되어 시공간을 뛰어넘는 다양한 객체와의 상호작용이 이루어지는, 즉 연결 범위가 사물로까지 확장된 것이 특징이다.

스마트 기술이 비약적으로 성장하면서 스마트 디바이스가 확산되고 트래픽과 정보량이 폭발적으로 늘어나자 언제 어디서든 상호 연결되어 정보를 주고받을 수 있는 IT 기반이 마련되는 등 개별 사물에 네트워크 기술이 적용되었다. 그 영향으로 서로 단절되어 있던 정보를 자유롭게 주고받을 수 있는 기술적 가능성이 완성되었으며, 심층적인 연결을 기반으로 하는 새로운 차원의 서비스와 문화 환경의 가능성이 열렸고, 생활과 삶에 대한 인간의 욕구 역시 좀 더 인간 중심적이고 고차원적으로 변화하고 진전되고 있다.

초연결 사회가 구현되려면 다양한 객체를 연결하는 사물인터넷(IoT)과 네트워크 사이를 오가는 수많은 데이터 속에서 가치를 찾아내는 빅 데이터가 중요하다. 이제 시장은 소유 개념보다 접속과 연결, 공유의 개념이 통용되고, '네트워크'와 '플랫폼'의 가치가 더욱 중요해지고 있다.

초연결 사회의 특성을 잘 활용한 대표적인 기업이 애플, 페이스북, 인스타그램, 아마존, 에어비앤비, 우버, 암웨이 등이다. 실제로 전 세계 550개 이상의 호텔과 리조트를 소유한 기업인 힐튼보다 호텔과 리조트를 소유하지 않은 숙박 공유 서비스 업체인 에어비앤비의 시가총액이 더 크며, 자동차를 만들어서 파는 세계 최대의 기업 GM보다 차량 공유 서비스 업체인 우버의 시가총액이 더 높다. 에어비앤비와 우버는 플랫폼 비즈니스로 접속권을 파는 기업들이다. 이런 기업들은 서비스를 경험한 애용자들이 스스로 후기를 적고 입소문을 내서 자발적인 애용자 네트워크를 만들기 때문에 제품과 서비스는 시장이 아닌 가상 네트워크를 통해 팔린다.

네트워크마케팅의 선두주자인 암웨이 역시 이런 기업들과 맥을 같이한다. 즉 가상의 쇼핑몰을 회원들 각자에게 분양하고 쇼핑몰의 광고와 마케팅 등의 운영권까지 회원들 각자에게 위임함으로써 그들만의 독특한 회원 네트워크를 확장해가도록 돕는다.

플랫폼과 네트워크의 발전은 사회 구조를 근본적으로 바꾸고 있다. 가진 사람과 못 가진 사람의 격차만큼이나 연결된 사람과 연결되지 못한 사람의 격차는 더욱 커지고 있다. 이는 토지와 기술, 자본과 정보를 소유한 개인보다 플랫폼이나 네트워크의 가치를 알고 자신만의 네트워크를 구축하는 개인이 훨씬 더 큰 부를 가지게 된다는 말이다. 유명한 유튜버나 블로거, 카페지기 네트워크 사업자들을 보라.

따라서 초연결 시대에는 조직이든 개인이든 어떤 플랫폼이나 네트워크에 접속해 있느냐가 매우 중요하고, 이를 활용해 부가가치를 창출해낼 수 있는 학습 능력 또한 중요하다.

# 우리가 살아갈 세상, 초연결 사회의 특징

최근에 인공지능과 사물인터넷 기술이 발전한 것을 보니 초연결 사회로 이미 진입했는지도 모른다는 생각이 든다. 주변을 보면 IT 기술의 발전으로 누릴 수 있는 편리함이 단기간에 크게 늘어났고, 사람들은 새로운 모바일 기기의 사용법을 익히는 데 열심이다.

그런데 IT 기술의 편리함에 도취되기만 해서는 미래를 위한 준비를 못 할 수도 있다. 앞으로 먹고사는 걱정 없이 잘살려면 초연결 시대의 특징을 알아야 한다. 하나씩 살펴보면 미래를 위해 어떤 준비를 해야 하는지 가닥이 잡힐 것이다.

## 빠른 자가 느린 자를 지배

빠른 변화의 물결을 이해하고 빠르게 변화하는 사회에서 제대로 살아가려면 변화의 정보를 빨리 습득해서 삶과 일에 적용할 수 있어야 한다. 그러나 기술의 발전 속도가 워낙 빠르다 보니 새로운 제품과 서비스 이용법을 익히기도 벅찰 때가 많다. 여러분은 스마트폰 기기나 새로 출시되는 각종 앱을 잘 활용하는가? 페이스북, 트위터, 인스타그램 등은 잘 사용하는가? 은행이나 주식 관련 앱이 하루가 다르게 발전하는데, 사용법은 잘 익히고 있는가? 앨빈 토플러가 《권력 이동》이라는 책에서 새로운 환경에 적응하는 속도를 중심으로 '빠른 자(the fast)와 느린 자(the slow)'로 구분했는데, 여러분은 어느 쪽에 속하는가?

소비자는 만들어놓은 서비스도 따라가기 힘든데, 그 서비스를 만드는 기업들은 어떨까? 기업들도 나름 속앓이를 하는 듯 보인다. 아이디어를 개념화해서 속도감 있게 새로운 제품과 서비스를 계속 선보여야 한다는 부담감은 기본이며, 모든 것을 혼자 해서는 속도에 뒤처질 수밖에 없기 때문에 새로운 방식으로 사업을 전개해야 살아남을 수 있다는 위기감도 느끼고 있다. 자세히 말하면, 변화의 속도가 빠르다는 것은 이전에 만들어놓은 제품이나 서비스가 악성 재고가 될 가능성이 크다는 의미이

기도 한데, 그렇게 되면 기업으로서는 리스크가 커진다. 따라서 기업은 그들만의 카르텔을 만들어 철저히 분업화하고 전문화해서 네트워크로 연결해 협업하고 있다. 그렇게 하지 않으면 시장에 대응하기 힘들고 도태될 수 있기 때문이다.

앨빈 토플러가 말한 '빠른 자와 느린 자'는 국가, 기업, 개인 모두에게 적용되는 개념이다. 느린 국가와 기업, 개인은 초연결 사회의 물결이 얼마나 빨리, 거대하게 밀려오는지를 직시하지 못한다. 특히 과거 산업 사회나 정보화 사회의 낡은 사고방식과 업무 처리 방식에 안주해 있기 때문에 환경 변화에 대응하는 속도가 느릴 수밖에 없다.

앞으로의 세상에서는 빠른 자가 느린 자를 지배하며, 느린 자는 이류나 삼류로 뒤처지다가 결국 도태될 가능성이 크다. 지금은 잘나가도 내일을 기약하기 힘들다. 변화의 속도가 점점 가속화되므로 한순간에 무너지고 말 것이다. 이것이 시장의 냉혹함이다. 참으로 무서운 예측이지만, 엄연한 현실이다.


## 부익부 빈익빈 현상의 심화

21세기에 접어들면서 전 세계적으로 부익부 빈익빈 현상이 더욱 깊어지고 있다. 미국의 빈부 격차의 변화를 보면 미국 부에서 상위 소득 1%의 부자들이 차지하는 비중이 1960년대에는 20%대였지만 1980년대에는 30%대, 2020년에는 40%대에 이를 정도로 부의 집중 현상이 더욱 심화되고 있다. 2019년 크레디트스위스 글로벌웰스 보고서에 의하면 자산 100만 달러 이상을 보유한 4천680만 명(상위 0.9%)이 전 세계 부의 44%인 158조3천억 달러를 보유하고 있는 것으로 나타났다. 100만 달러 이상을 보유한 자산가들은 미국, 중국, 일본, 호주 순으로 많았다.

우리나라도 다르지 않다. 과거 IMF 구제금융 시기와 2008년 금융위기, 그리고 최근 최저임금의 급격한 인상 및 저성장 경제정책 등 환경변화의 영향으로 중산층이 몰락하면서 과거 우리나라 경제의 허리 역할을 하던 중소기업인, 자영업자가 모래 위의 성처럼 힘없이 무너지고 있다. 금융 자산을 많이 보유한 상위 계층은 다양한 재테크를 기회로 금융 소득이 더 높아진 반면, 중하위 계층은 실질임금 감소와 낮은 고용률, 물가 상승으로 인한 높은 가계비용 부담 등으로 기반이 점점 약해지고 있다. 그러다 보니 자신을 중산층이라고 여기는 사람들도 점점 줄어들고 있다. 여러분은 스스로를 중류층 이상이라고 생각하는가? 아니면 신빈민층을 포함한 하류층에 가깝다고 생각하는가?

이런 현상은 계속 가속화될 가능성이 높다. 실업률이 늘어나기 때문이다. 나라가 발전하면 실업률이 낮아질 것 같지만 결코 그렇지 않다. 초연결 사회로 이행될수록 실업자 수가 늘어날 수밖에 없는 사회구조로 전환되기 때문이다. 실제로 우리나라의 최근 실업률은 매년 높아지고 있어 2020년 5월 통계청이 발표한 확장실업률은 14.5%를 넘어섰으며, 이는 20년 만에 가장 높은 수치이고, 특히 전체 실업자 가운데 15~29세 청년층이 차지하는 비중은 OECD 36개 국가 중 최고인 26%가 넘는다. 미국은 이보다 낮은 13%, 일본은 12%, 독일은 13% 수준이다. 이는 기업들이 젊은 인재를 채용하는 비율이 점점 줄어들고 있다는 뜻이다.

실업률이 개선될 가능성은 지극히 낮아 보인다. PC가 보급되면서 단순노동자들의 일거리가 없어지더니 스마트폰이 보급되면서 일자리에 변화가 생겼다. 이제 초연결 사회로 본격적으로 진입하면 인공지능과 사물인터넷, 로봇의 발달로 컴퓨터와 기계, 로봇이 사람의 일을 대신하게 될 것이다. 새로운 일자리가 창출되는 것보다 없어지는 일자리가 더 많아지는 것은 초연결 시대의 메가트렌드로, 우리가 결코 거스를 수 없는 흐름임을 인정해야 한다.

# 1 대 99

정보화 사회가 도래하면서 미래학자들은 20:80 법칙이 적용될 것이라고 예측했다. 20:80 법칙이란 20%의 노동력으로도 세계 경제를 유지하는 데 지장이 없어 결국 20%의 사람들이 좋은 일자리와 부를 향유하고, 나머지 80%의 사람들은 실업 상태 혹은 불안정한 고용 상태에서 약간의 오락물과 먹거리에 자족하며 살아가는 것을 의미한다. 이러한 기조는 세계적 석학들이 쓴 《세계화의 덫》, 《자본주의의 미래》, 《빈곤의 세계화》, 《노동의 종말》 등의 책에서도 언급되고 있으며, 어떤 부분은 이미 현실화되었다. 《노동의 종말》을 쓴 제레미 리프킨은 자동화가 촉진되면서 전통적인 제조업이나 서비스업은 고용 창출의 여지가 점점 없어지고 새롭게 떠오르는 정보지식 산업 역시 일부에게만 기회가 열려 있다고 주장했는데, 이젠 이것도 과거의 얘기가 되어버렸다.

초연결 사회에서는 사람이 하기 힘든 일은 로봇이 대신하고, 엘리트들이 했던 일은 인공지능으로 대체될 가능성이 크다. 그동안 우리 사회가 가장 좋은 직업이라고 여겨온 의사, 판사, 검사, 변호사, 회계사, 교사, 법무사, 기사 등 전문가들의 일이 그러하다. 여러분은 2016년에 있었던 알파고와 이세돌 9단이 펼친 세기의 대결을 기억하는가? 당시 세계 최상위 프로기사인 이세돌 9단과의 공개 대국에서 알파고가 4승 1패로 승리해 '현존 최고 인공지능'으로 등극하면서 세계를 놀라게 했다. 이젠 세계 최고 전문가들의 지식도 인공지능 컴퓨터로 얼마든지 대체될 수 있다는 것을 보여준 사례였다.

전문가들에 의하면, 이러한 현상은 1997년에 이미 시작되었고, 2035년에 본격화되어 2045년에는 90% 이상의 최상위 전문직들이 인공지능 기술로 대체될 것으로 예측된다. 그렇게 되면 인공지능을 지시하고 관리하는 1%(소수 엘리트층)와 인공지능의 지시를 받는 99%로 나뉠 것이다. 그렇게 중류층뿐만 아니라 현재 전문 직종의 상류층도 몰락하면 부와 정보를 독점하는 극소수 엘리트와 빈곤자가 극단적으로 대비될 것이다. 지금 2030 세대의 실업 비중이 높아지는 현상은 어쩌면 예고편에 불과할지 모른다.

## 플랫폼과 네트워크가 경쟁 무대

초연결 사회의 물결을 타고 기업은 크게 두 가지 방식으로 대응하고 있는 것처럼 보인다.

## ⠿ 5포 세대, 2030

최근 2030 세대를 대상으로 인생에서 포기한 것이 있다면 무엇인
지를 조사했는데, 1위가 결혼, 2위가 꿈과 희망이라는 결과가 나왔다.
3위가 내 집 마련, 4위가 연애, 5위가 출산이었다. 지금의 젊은 세대는
인생에서 소중한 것들을 포기하면서 살아간다는 뜻인데, 이게 될 말
인가.

슬프지만 이게 우리나라 2030의 현실이다. 정신 차리지 않으면 내
아이들도 이들처럼 소중한 것들을 포기하며 외로운 하층민으로 살아
가야 될지도 모른다.

⠿ 2030 세대, '나는 N포 세대'…포기한 것 1위는?

( 복수 응답 가능, 단위: % )

| | |
|---|---|
| 결혼 | 56.8% |
| 꿈과 희망 | 56.6% |
| 내 집 마련 | 52.6% |
| 연애 | 46.5% |
| 출산 | 41.1% |
| 인간관계 | 40.7% |
| 건강 | 26.5% |
| 외모 | 25.4% |
| 국적 | 5.9% |
| 기타 | 3.4% |

(자료: 사람인, 2015년 10월)

첫 번째 방식은 기업 합병과 매수를 통해 점점 거대화하는 것이다. 동종 상품을 생산하는 기업 간의 합병은 시장 지배력을 강화하고, 점점 늘어나는 연구개발 비용의 위험을 분산하는 효과가 있다. 엑손과 모빌, 벤츠와 크라이슬러의 합병, 기아자동차와 현대자동차와의 전략적 제휴 등이 대표적인 예다.

두 번째 방식은 작은 단위의 독립된 기업으로 분리하면서 협력해가는 것이다. 거대 기업은 관료주의와 경직성으로 인해 시장 변화에 대응하는 능력이 현저하게 뒤떨어지기 때문에 다수의 독립된 작은 기업으로 분할해 대응 능력을 높이고, 분할된 기업들을 하나의 네트워크로 묶어 거대 기업의 효과를 얻겠다는 의도도 있다. 가장 좋은 예가 세계적인 중견 기업 ABB 사다. 이 회사는 수 년 전 1천300여 개의 독립회사로 분할해 세상을 놀라게 했다.

두 경우 모두 환경 변화에 적극적으로 대응하려는 기업들의 노력이다. 즉 인터넷이라는, 공간의 제약이 없고 기술의 발전 속도가 엄청나게 빠른 환경에서는 지역별로 시장을 지배하는 방식이 의미가 없다고 판단한 것이다. 그 결과 지역별 시장은 거대한 단일 시장으로 재편되고, 공급 업체들은 초우량 기업 몇 개만 살아남는 경영 환경으로 바뀌고 있다.

여기서 주목할 것은 기업 합병이 이루어지더라도 내부적으로는 분권화와 네트워킹이 가속화되고 있다는 사실이다. 몸집은 크지만 사업 단위별로 독립적으로 기능할 수 있고, 내부적으로는 네트워크로 연결되어 있음을 간과해서는 안 된다. 그리고 대기업은 다수의 소기업으로 분할되어도 시장 지배력과 기업 경쟁력을 오히려 강화할 수 있다. 정보통신 기술을 활용하는 플랫폼과 네트워크(www)로 말이다.

이제는 거대한 기업이 물리적으로 힘을 쓰는 시대가 지나가고, 거대한 플랫폼과 네트워크를 가진 기업이 힘을 발휘하는 시대가 되었다. 애플, 구글, 페이스북, 인스타그램, 아마존, 우버 등 신흥 기업들이 새로운 플랫폼과 네트워크를 구축해 생존 게임의 틀을 바꿔버린 것을 보면 알 수 있다. 앞으로 기업들의 경쟁은 플랫폼과 네트워크의 싸움이 될 것이다.

이는 개인들도 마찬가지다. 힘없는 소비자들이 양질의 플랫폼의 도움을 받아 자신의 네트워크를 구축하면 훨씬 큰 부를 창출할 수 있는 세상이 다가오고 있다. 이제 혼자서 잘 먹고 잘 살 수 있는 시대는 지나갔다. 안전한 플랫폼을 구축한 거인의 어깨 위에서 자신의 네트워크를 구축해가는 개인과 기업만이 살아남을 것이다.

## 새로운 신분 계층의 형성

　예전에는 노동직이 기계로 대체되었다면 현재는 사무직이 컴퓨터로 내체되고 있으며, 향후에는 전문직이 인공지능 컴퓨터로 대체되는 시대가 될 것이다. 즉 앞으로는 인공지능이 넘보지 못하는 능력을 지녀야 살아갈 수 있다. 이런 미래 사회에서 성공하려면 실력도 좋아야 하지만 사람이 개입되어야 하는 일, 다른 사람과 협업하는 능력을 반드시 갖추어야 한다. 인간관계 능력과 협업 능력이 더욱 중요해지기 때문이다.

　이제는 사람들이 TV로 세상을 보지 않는다. 유튜브로 세상을 본다. 1인 미디어가 활성화되면서 우리나라만 해도 예전에는 대여섯 개에 지나지 않던 유튜브 채널이 수십 수억 개로 늘어났기 때문이다. 그 영향으로 가상공간에서 정보를 선택할 자유가 무한대로 확대되었고, 24시간 스마트폰만 봐도 심심하지 않게 되었다.

　그렇다 보니 정보의 바다를 능숙하게 항해하며 필요한 정보를 정확하고 빠르게 수집하고 융합해서 제공하는 사람들은 자신의 네트워크를 키움으로써 돈도 벌고 출세도 하는, 이른바 초연결 사회의 귀족이요 지배 계층으로 떠오르고 있다.

　반면, 일과 후에 TV나 잡지, 컴퓨터에서 드라마·코미디 등의 오락 프로그램만 즐기고 정보를 오락으로만 이용하는 사람은 초연결 사회의 새로운 노예 계층으로 전락하고 말 것이다.

가상공간은 무한대의 자유와 사업 기회를 제공하지만, 이 기회를 어떻게 이용해야 하는가를 가르쳐주는 사람은 아무도 없다. 그렇다고 가만히 안주하고 있으면 미래 사회에서는 뒤처지고 만다. 미래 사회의 엘리트가 되는 것도 노예로 전락하는 것도 스스로 선택할 일이지만, 그 선택의 결과는 더욱 가혹해질 것이다.

# 가상공간은
# 기회 선점자의 몫

그렇다고 절망하지는 말자. 초연결 사회는 미래를 꿰뚫어 보고 준비하는 자들에게는 오히려 더 큰 기회를 가져다준다.

지금은 예전보다 창업하기가 쉬워졌다. 인터넷 상에서 플랫폼을 제공하는 기업들이 늘었기에 이를 잘 활용하면 누구나 사업을 일굴 수 있다. 이름도 알려지지 않았던 인기 유튜버나 온라인 카페지기가 5년, 10년도 안 되는 기간에 500억 달러 이상의 부를 가지게 된 경우도 많지 않은가? 자신의 차고를 사무실 삼아 단돈 1천 달러로 창업해서 세계 최고의 회사로 키운 사람도 있지 않은가? 이들의 어제와 오늘을 보면 초연결 사회에서도 준비된 자에게는 기회가 무수하다는 것이 분명해 보인다. 이들은 시대의 변화를 미리 예측하고 준비했던 사람들이다. 남들이 '되느니 안 되느니' 하며 이러쿵저러쿵할 때도 꾸준히 노력했던 사람들이다. 시대를 앞서가는 사람들은 항상 따돌림과 손가락질을 당하기 마련이다.

시대의 변화를 알아야 앞으로 유망한 사업이 무엇인지를 알수 있다. 변화 속에 기회가 있다. 현재 우리는 초창기 미국 땅을 개척하던, 먼저 깃발을 꽂고 내 땅이라 선언하면 자기 땅이 되던 시대와 마찬가지인 사회에 살고 있다. 아직은 주인이 없는 가상공간이 얼마든지 많이 남아 있다.

인류의 역사는 바로 차원의 진화 과정이었음을 눈여겨볼 필요가 있다. 농경 사회는 인류의 활동 무대가 주로 제한된 지역에서만 이루어진, 1차원인 점의 역사였다. 산업 사회에 들어서면서 항해 기술의 발달로 육지나 바다를 통해 여러 문명이 선으로 연결된 2차원 시대가 열렸다. 20세기 초에는 비행기가 등장해 하늘을 활용하면서 3차원인 면의 역사가 시작되었다.

그리고 지금은 초연결 사회로 진입하면서 과거에는 장소의 제약을 받던 노동, 자본, 기술이 온라인으로 그 경계가 점점 무너져가고 있다. 정보통신 기술의 발달로 PC와 노트북, 태블릿이 없어지고 장소의 제약이 없는 4차원 세계인 클라우드 시스템 기반의 스마트폰으로 대체되고 있으며, 각종 기계에 센서가 들어가면서 자동화되고, 그 정보가 자동으로 빅 데이터로 축적되고, 인공지능으로 지시 명령을 내리면서 사람의 손길이 필요 없어지는 가상공간의 역사 속으로 빨려 들어가고 있다.

지금까지 인류의 역사는 눈에 보이는 현실공간에서 이루어졌지만 앞으로는 눈에 보이지 않는 가상공간에서 모든 것이 이루어질 것이다. 따라서 초연결 사회는 누가 먼저 가상공간에 깃발을 꽂고 플랫폼과 네트워크를 잘 확보하느냐가 신분을 가르는 기준점이 될 것이다. 지금 여러분은 어떤 준비를 하고 있는가?

# 황금 알을 낳는 거위,
# 누가 차지할까?

 

우리는 생산의 원천이 되는 주요 요소가 노동에서 기술로, 자본으로, 정보로, 플랫폼과 네트워크로 변해왔음을 살펴봤다. 그에 따라 산업의 중심축도 농업에서 제조업으로, 서비스업으로, 4차 산업으로 옮겨가고 있다. 보통 3차 산업을 상업, 금융, 보험, 운수 등에 국한시킨다면 4차 산업은 정보통신, 의료·바이오, 교육, 패션, 오락·레저 산업 등을 가리키는데 이는 IT 기술과의 접목으로 진화된 서비스업들이다. 이렇게 산업의 무게 중심이 4차 산업으로 급격히 이행하면서 과거의 주요 생산 요소로 꼽혔던 토지, 노동, 자본의 중요성이 상대적으로 약해지고, 대신 플랫폼과 네트워크가 더 중요해지고 있다.

여기서 우리가 놓치지 말아야 할 것은 플랫폼과 네트워크는 물론 토지, 노동, 자본까지 복합적으로 가지고 있어야 부를 크게 늘릴 수 있다는 사실이다. 정보화 사회에서 가장 중요한 생산 요소는 정보와 지식이지만 정보만 있어서는 큰 부를 얻을 수 없다. 마찬가지로 노동만 가지고 있으면 단순노동자에 불과하고, 기술만 가지고 있으면 기능공에 머물며, 자본만 보유하고 있으면 졸부일 뿐이다.

생산 요소들 가운데 노동과 기술이 결합되면 기술용역 업종(의료 기술, 건축 설계업 등)이, 기술과 자본이 만나면 하이테크 업종(반도체, 유전공학 등)이, 자본과 정보가 만나면 금융테크 업종(보험, 증권 등)이 형성되며, 노동과 정보가 만나면 정보서비스업(경영 컨설팅, 변호사업, 소프트웨어업)이 형성된다. 플랫폼과 네트워크가 만나면 구글·애플·페이스북·인스타그램·우버·에어비앤비 등의 SNS 업종, 이베이 등의 중개업, 암웨이 등의 네트워크마케팅업이 형성된다.

플랫폼은 원래 기차나 전철에서 승객들이 타고 내리는 승강장을 말하는데, 오늘날에는 다양한 종류의 시스템이나 서비스를 제공하기 위해 공통적이고 반복적으로 사용되는 기반 모듈, 즉 어떤 서비스를 가능하게 하는 일종의 '토대'로 여겨진다. 정보·기술·자본·노하우 등의 집합 형태로, IT에서는 '각종 서비스의 기반이 되는 하드웨어나 소프트웨어 환경'을 뜻한다. 휴대폰이나 PC와 같은 하드웨어의 경우 중앙처리장치(CPU) 역할을 하는 프로세서, 그래픽카드 등을 통합한 시스템을 플랫폼이라고 부른다. 인터넷의 경우에는 네이버, 카카오, 페이스북도 플랫폼이라고 할 수 있다.

물론 플랫폼만으로는 비즈니스가 되지 않는다. 플랫폼 안에서 사용자 트래픽이 얼마나 활성화되느냐가 중요한데, 관건은 네트워크다. 다만 플랫폼으로 사람을 모으면 어떤 제품이나 서비스도 적은 마케팅 비용으로 유통시킬 수 있고 협업할 수 있는 환경이 만들어지기 때문에 그 사업의 성장 및 확장성이 무궁무진하다고 볼 수 있다. 아마존의 경우 시작은 인터넷 서점이었지만 인터넷 서점 회원들을 기반으로 다양한 제품과 서비스 시장에 뛰어들어 지금도 네트워크를 계속 확장해가고 있다.

그러므로 큰 부를 획득하려면 가급적 생산 요소들 가운데 양질의 플랫폼이 있는 기업에 들어가서 네트워크를 활성화시켜 자산화하는 능력이 매우 중요하다.

## 백만장자의 산실, 네트워크마케팅

　미국에서 부자들은 통상적으로 IT 업체 창업자, 소프트웨어 개발사, 부동산 개발업자, 금융 및 투자입 종사자, 유튜버, 네트워크마케팅 사업가인 경우가 많다.

　소프트웨어 개발업은 정보와 첨단 IT 기술이 만나서 형성된 업종으로 일반인은 꿈도 꿀 수 없다. 부동산 개발은 자본과 개발 정보가 있어야 가능한 업종이며, 금융 및 투자업도 자본과 정보가 결합되어야 가능하므로 자본이 없는 일반인은 쉽게 종사할 수 없는 일이다.

　반면 네트워크마케팅 사업은 새로운 유통 방식으로, 플랫폼과 네트워크가 만나 형성된 업종이며 미국과 일본에서 수많은 부자들을 배출시키고 있다. 제대로 된 플랫폼을 기반으로 자신의 네트워크를 접목시켜 활성화할 수 있으면 누구나 쉽게 시작할 수 있다.

　이때 중요한 것은 양질의 플랫폼을 선택하는 안목과 네트워크를 활성화시키는 사업 시스템이 있는지를 파악하는 안목이다. 유튜버도 비슷한 개념으로 볼 수 있다. 유명한 유튜버들은 전 세계 회원 19억 명(2019년 말 기준)의 플랫폼에서 자신만의 독특한 콘텐츠를 구축해 정기구독 회원(네트워크)을 확보함으로써 수입을 창출하고 있다.

　최근에는 인터넷 쇼핑몰 기반의 네트워크마케팅 회사들이 모바일 쇼핑몰의 형태로 발전하면서 첨단 유통 방식의 하나로 자리매김하고 있다. 네트워크마케팅 회사는 인터넷이나 모바일 쇼핑몰을 완벽하게 구축해놓고 네트워크 회원들에게 다양한 콘텐츠와 솔루션들을 무상으로 제공해 각자의 애용자 네트워크를 만들도록 돕고 있다. 그러므로 양질의 네트워크마케팅 회사를 선택한다면 이들의 플랫폼과 정보를 적극적으로 활용해 누구든 부자가 될 수 있다.

# 제3장

# 인생의 사분면과 네트워크마케팅

로버트 기요사키는 저서 《부자 아빠 가난한 아빠》에서 세상에는 4부류의 사람이 있다고 했다. 4부류의 사람이란 직장인, 자영업자/전문직, 사업가, 투자자를 말한다. 직장인과 자영업자/전문직은 자신의 노동력을 들여서 돈을 벌기에 1차원적인 수입을 얻는 사람들이다. 반면 사업가와 투자자는 자산을 들여서 돈을 벌기에 나이 들어서도 지속적으로 수입이 생겨 시간과 돈으로부터 자유로운 삶을 사는 사람들이다. 이번 장에서는 평범한 사람들이 어떻게 사업가와 투자자처럼 자산 소득을 만들 수 있는지, 그러려면 무엇에 관심을 가져야 하는지를 알아본다.

과거에도 그랬고 지금도 그렇고
앞으로도 그럴 것인데,
이 사업의 기본은 '좋은 제품을 내가 먼저 써보고
그 혜택을 다른 소비자들이 누릴 수 있도록
꾸준히 전달하는 것'입니다.
매일 제품을 쓰고 (감동을) 전달하는 일이
생활이 되고 습관이 되어야
비로소 네트워크마케팅 사업을
제대로 할 수 있습니다.

주재오&박경자
암웨이 FCA 성공자 인터뷰 중에서

# 인생은
# 문제의 연속

　살다 보면 재정 문제, 건강 문제, 노후 문제, 부부 문제, 자녀를 양육하고 교육시키는 문제, 투자 문제 등 여러 가지 삶의 문제들에 봉착한다. 학교에서는 시험범위를 알려주고 시험을 보지만, 인생은 갑자기 하늘에서 돌이 떨어지듯 어느 순간 툭 문제를 떨어뜨리고 알아서 해결하라고 한다. 그것도 사지선다형 문제가 아니라 주관식 문제로. 그래서 준비가 안 된 사람일수록 문제에 맞닥뜨리면 당황하고 혼란을 겪는다.

　그런데 이러한 문제들은 저절로 사라지는 법이 없다. 직면해서 해결하지 않으면 그대로 남아 꼬리표처럼 계속 따라다니며 정신적인 성장과 발전을 가로막는다. 문제들에 발목 잡히지 않으려면 문제가 생겼을 때 그때그때 해결해나가는 것 외에는 별다른 방법이 없다. 삶의 문제들은 다른 사람이 대신 해결해줄 수 없다. '내가 해결하지 않으면 안 된다'는 생각으로 문제에 직면해야 해법을 찾을 수 있다.

우리는 처음부터 지도와 나침반을 가지고 이 세상에 태어나지 않았다. 그래서 스스로 삶의 지도를 만들어야 하며, 정확한 지도를 만들기 위해서는 현실을 파악하려고 노력해야 한다.《아직도 가야 할 길》의 저자 모건 스콧 펙 박사는 삶의 지도를 만드는 데 있어 가장 큰 문제는 아무것도 없는 데서 시작하는 것이 아니라, 지도가 정확해질 때까지 우리가 지도를 계속 고쳐 그려야 한다는 데 있다고 말한다. 현실은 계속해서 변화하기 때문이다. 산업 기술도 발전하고, 주위 환경은 물론 우리의 생각과 관점도 수시로 바뀌기 때문이다.

삶의 지도가 얼마나 잘 만들어졌느냐에 따라 인생이 쉬울 수도 있고 어려울 수도 있다. 삶의 지도를 인생 솔루션이라고 생각하면 성공한 사람들이나 부자들은 경험을 통해 이러한 솔루션을 이미 가지고 있다고 볼 수 있다. 솔루션은 자신에게 닥친 문제를 온전히 책임지려할 때 얻어지는 것이지, 그냥 얻어지지 않는다.

인생을 살면서 생기는 문제들은 대부분 비슷하다. 그리고 모든 문제에는 반드시 원인과 솔루션이 공존한다. 솔루션을 알면 문제 해결이 너무 쉽지만, 솔루션을 모르면 수많은 시행착오를 겪고 힘들여 살게 된다. 우리가 구구단을 알면 셈법이 쉬워지듯 솔루션을 많이 가지고 있을수록 인생이 풍성하고 수월해진다. 부자나 성공한 사람들처럼.

## 부자 아빠와 가난한 아빠의 현금 흐름

삶의 문제들 중에서 많은 사람이 가장 힘들어하는 것은 재정 문제일 것이다. 우리가 사는 자본주의 사회는 다른 어떤 가치보다 자본이 근본이 되는 사회다. 건강을 지키고 좋은 관계를 이어가는데도 돈이 필요하고, 평균수명을 꽉 채워 살더라도 많은 돈을 비축해두고 있어야 노후가 편하다. 하지만 충분한 돈을 모은다는 건 쉽지 않은 일이다.

그렇다면 이런 재정 문제를 근본적으로 해결하려면 어떻게 해야 할까? 가장 유용한 방법은 부자 아빠의 시각으로 돈 버는 관점을 바꾸는 것이다. 즉 '부자 아빠의 재정 솔루션'을 배워야 한다.

사람들이 돈을 버는 방법은 크게 현금 흐름 사분면으로 개념화할 수 있다. 이 개념을 이해하려면 자산과 부채의 개념을 먼저 이해해야 한다.

## 가난한 아빠의 현금 흐름

옆 페이지의 그림은《부자 아빠 가난한 아빠》의 저자 로버트 기요사키가 말하는 가난한 사람들의 현금 흐름과 재무제표이다. 현금 흐름은 알기 쉽게 화살표로 표시한다.

가난한 사람들의 수입은 일자리를 통한 근로소득인 급여로 발생해 그 즉시 생활비로 지출된다. 그 달 벌어 그 달 쓰기 때문에 대차대조표에 자산이 없다. 즉 현금 흐름의 지출 란에 저축이 없기 때문에 자산도 없는 것이다. 또 이들은 부채가 없거나, 있더라도 많지 않다. 만약 부채 규모가 크다면 현금 흐름상 수입보다 지출(이자 부담)이 많아지므로 머지않아 파산하게 된다.

로버트 기요사키는 이렇게 말한다.

"근로빈곤층은 일자리를 통해 얻는 급여가 낮으며, 따라서 지출 규모도 작다. 이들은 일반적으로 자산도 부채도 없다.

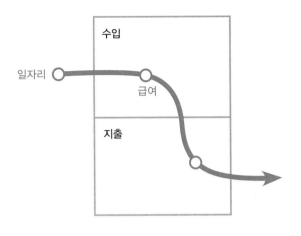

가난한 사람들의 현금 흐름과 재무제표

대부분 집을 임대해서 살고 있으며, 이동수단으로 대중교통을 이용한다. 이 계층은 먹고살기 빠듯하다. 매달 들어오는 급여에 의지해 살아가며, 정기적인 소득이 없는 사람도 있다. 이들은 돈이 급하면 전당포나 소액대출 서비스를 이용한다."

## 중산층 아빠의 현금 흐름

다음으로 중산층의 현금 흐름과 재무제표를 보자. 현금 흐름은 알기 쉽게 화살표로 표시한다.

중산층 역시 현금의 주된 수입은 근로소득이다. 저소득층과

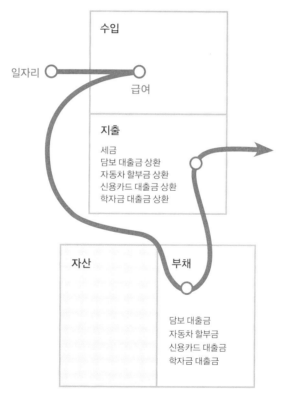

중산층의 현금 흐름과 재무제표

다른 점은 현금 흐름 화살표에 연결된 부채 수입이 많다는 것이다.

그런데 자산 란이 비어 있다. 이 그림에 대해 로버트 기요사키는 이렇게 설명한다.

"중산층은 근로빈곤층보다 소득은 높지만 대개 지출과 부채도 많다. 최신형 자동차, 큰 집, 화려한 휴가 등을 위한 소비가 지출과 부채에 영향을 미친다. 그리고 많은 사람이 빚을 얻어 주택을 마련한다. 그러나 저축이 없어 자산 란이 비어 있다. 저축을 하지 않으면 금융 자산도 없다."

이런 경우 집이 자산이 아니라 부채다. 여기에는 자동차도 포함된다. 집과 자동차는 일반인이 큰돈을 들이는 대표적인 자산이다. 이 자산들은 세금, 관리비, 유류비, 대출이자 등 유지비가 많이 들기 때문에 현금 흐름을 악화시킨다. 만약 부동산 시세가 하락하면 그야말로 자산이 부채로 둔갑한다.

## 부자 아빠의 현금 흐름

부자 아빠의 현금 흐름은 어떨까? 다음 페이지의 그림을 보면 지출 란과 부채 란이 비어 있다. 부자는 기업체가 있거나 부

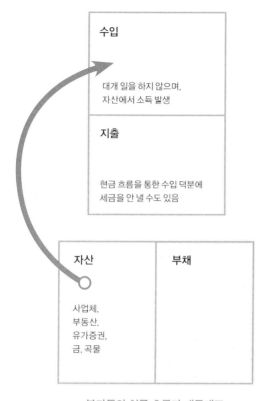

부자들의 현금 흐름과 재무제표

동산, 유가증권, 금, 곡물 등의 자산을 소유하고 있어 이것들로부터 현금 수익이 발생한다. 부자 아빠에 대해 로버트 기요사키는 이렇게 말한다.

"물론 부자들도 일을 하는 경우가 많으며, 지출도 하고 부채도 있다. 그럼에도 일부러 '대개 일을 하지 않음'이라고 적어놓

고 지출 란과 부채 란을 비워둔 것은 부자와 가난한 이들, 중산
층과의 차이를 강조하고 싶어서다. 내가 강조하고 싶은 것은 '부
자들은 자산의 힘을 최대한 활용한다'는 점이다. 반면 중산층
은 대부분 자산이 거의 없고 부채가 많다. 그리고 가난한 사람
들은 자산과 부채가 무엇인지도 잘 모른다."

누구나 많은 자산을 보유하고 싶어한다. 그래서 열심히 벌어
서 저축하는 것이다.

로버트 기요사키는 자산과 부채를 다음과 같이 정의한다.

**자산** : 일을 하지 않아도 내 주머니에 돈을 넣어준다.
**부채** : 내 주머니에서 돈을 빼가며, 이 때문에 더 열심히 일해
야 한다.

그렇다면, 집은 자산일까, 부채일까?
**정답** : 부채다. 왜냐하면 관리비, 세금, 가스요금, 대출이자 등
으로 내 주머니에서 돈을 빼가기만 하니까.

월세 받는 상가나 여유 주택은 자산일까, 부채일까?
**정답** : 자산이다. 왜냐하면 이로 인해 내 주머니에 돈이 들어
오니까.

암웨이 보너스는 자산 수입일까? 임시 수입일까?

**정답** : 자산 수입이다. 암웨이 보너스는 처음에는 임시 수입 같지만, 암웨이 제품을 좋아하는 애용자 네트워크가 만들어 지면 그들 스스로 홈쇼핑을 하게 되므로 꾸준히 연금 같은 자 산 수입이 들어온다.

그러면 암웨이를 하면 처음부터 연금 수입이 들어올까?

아니다. 처음부터 연금 수입이 발생하지 않는다. 무형자산인 '애용자 네트워크'가 만들어지기 전까지는 건물을 짓는 것처럼 시간이 걸린다. 건물을 올릴 때는 돈을 버는 게 아니라 계속 지 출하고 투자해야 한다. 수입이 있기는커녕 마이너스다. 그렇지 만 건물이 완성되어 임대를 주게 되면 꾸준한 수입이 생긴다. 암웨이는 초기 애용자가 몇 명 안 될 때는 용돈처럼 적은 수입 이 들어오지만, 애용자가 점점 늘어나면 연금 같은 수입이, 애 용자가 배로 늘면 배당금처럼 자산 수입이 들어오는 가치 있 는 일이다. 즉 애용자 확보에 총력을 기울여야 재정적으로 자유 가 있고, 시간의 자유를 누릴 수 있고, 미래가 풍요로워진다.

재정적인 자유가 있어야 고생 끝, 행복 시작이다. 자산이 없 는 사람들은 이제부터라도 애용자 네트워크라는 자산을 만드는 데 관심을 가져보라. 그래야 나이 들어 고생하지 않는다.

# 현금 흐름 사분면에서
# 나는 어디?

우리는 왜 이렇게 재정과 시간의 굴레에서 허덕이며 사는 걸까? 어떻게 돈을 벌고 있기에 늘 갈증을 느끼는 걸까? 이런 의문들에 대한 답은 기요사키의 '현금 흐름 사분면'에서 찾아볼 수 있다.

로버트 기요사키는 《부자 아빠 가난한 아빠》에서 세상에는 4부류의 사람이 있다고 했다. 4부류의 사람이란 직장인, 자영업자/전문직, 사업가, 투자자를 말한다.

## 현금 흐름 사분면

| **1사분면 : 직장인**<br><br>남을 위해 일하고<br>돈을 버는 사람들 | **3사분면 : 사업가**<br><br>시스템을 만들어<br>그 시스템이<br>돈을 벌어주는 사람들 |
|---|---|
| **2사분면 :<br>자영업자/전문직**<br><br>전문가들, 자신을 위해<br>일하고 돈을 버는 사람 | **4사분면 : 투자자**<br><br>자본, 즉 돈이 돈을<br>벌어주는 사람들 |

현금 흐름 사분면에서 왼쪽 위의 공간 E는 '직장인' 영역이다. 대기업, 중소기업, 관공서 등에서 급여를 받고 일하는 사람들이다. 이들은 고용주에게 노동력을 제공하고 비교적 안정적으로 돈을 번다. 하지만 자신의 노동력을 들여서 돈을 벌기에 이들의 수입은 1차원적이다. 처음엔 투자 없이 수입이 들어오므로 결과를 빨리 얻지만, 시간이 지나면서 수입의 증가 폭이 미미해지고 어느 순간 몸이 아프거나 일을 하지 못하거나 그만두기라도 하면 수입이 제로(0)가 되는 게 한계다.

왼쪽 아래 공간 S는 '자영업자/전문직' 영역이다. 이들은 자신의 일터를 가지고 있으며 자기가 일한 만큼 수입을 얻는다. 일반적으로 전문직 종사자(변호사, 회계사, 의사 등)나 소규모 자영업자들이 여기에 속한다. 이들은 남에게 일을 맡기기를 꺼려하며, 자신의 노력으로 수입을 창출한다. 똑똑하고 부지런하면 어느 정도의 수입은 유지할 수 있지만, 혼자 일하기 때문에 수입을 늘리는 데는 한계가 있다. 직장인과 다른 점은, 일한 만큼 수입을 창출할 수 있지만 안정은 보장되지 않는다는 것이다.

이처럼 왼쪽 영역 E와 S에 속하는 사람들의 공통점은 뭔가를 얻으려면 그에 상응하는 대가를 지불해야 하는 것처럼 자신의 귀중한 시간과 능력을 수입과 맞바꿔야 한다는 것이다. 그래서 몸이 아프거나 일을 하지 못하면 수입을 기대할 수 없다.

오른쪽 아래 공간 I는 '투자자' 영역이다. 이들은 투자를 중요하게 생각한다. 자신이 기업을 운영하기보다 남의 기업에 투자하는 걸 선호하고, 자신의 시간을 쓰는 것과 무관하게 부를 창출한다. 이들은 부와 자유를 동시에 가진다. 육체적인 노동을 하지 않고도 투자한 기업이나 자산을 통해 안정된 삶의 수준을 유지하기 때문이다. 또한 이들은 투자 규모에 따라 수입이 불어나는 속도가 다르다. 조그마한 눈덩이와 큰 눈덩이를 굴리면 어떤 것이 더 빨리 커지는지와 같은 이치다. 그러나 이 영역은 돈이 없는 사람들은 꿈도 꿀 수 없는 영역이다. 투자할 수 있는 돈과 사업을 보는 안목이 없기 때문이다.

오른쪽 위의 공간 B는 '사업가' 영역으로 기업의 소유주나 창업자들이 해당한다. 이들은 자신이 부를 창출하기보다는 똑똑한 피고용인을 찾는 데 더 열중한다. 그들은 적합한 사람을 찾아 업무를 시키고 급여를 주며, 그 대가로 기업의 이익을 가져간다. 기업의 시스템이 안정화되면 시간과 부를 동시에 얻을 수 있는 영역이다. 왼쪽의 E와 S 영역의 사람들과 다른 점은 몸이 아프거나 일을 하지 않아도 그들을 위해서 누군가가 일을 하기 때문에 수입에 큰 지장을 받지 않는다는 사실이다.

현금 흐름 사분면에서 보았듯이, 돈을 버는 방식은 아주 다양하며 각 영역의 사람들은 서로 다른 방식으로 수입을 올리고 고 있다. 그 차이를 아는 것이 부자가 되는 첫걸음이다.

여러분은 과연 어느 영역에 해당하는가? 어느 영역을 지향하는가?

# 사업가가 되는
# 3가지 방법

　여러분은 어느 영역에서의 수입을 꿈꾸는가? 재정적으로나 시간적으로 여유로우려면 기요사키가 말하는 사업가나 투자자 영역에서 수입을 올려야 한다. 이는 자신의 시간과 노동력을 들여서 수입을 얻는 직장인, 자영업자/전문직 영역보다 사업가나 투자자 영역이 더 우월하다는 뜻이 아니다. 다만 사업가와 투자자의 수입은 자산 소득에 가깝기 때문에 경제적 여유와 시간적 여유를 동시에 가져다줄 수 있다는 뜻이다.

　직장인과 자영업자/전문직이 자산 소득을 올리지 못하는 이유는 다음과 같은 공식을 통해 이해할 수 있다.

> 1명의 노동 = 1명의 수입

  사업가와 투자자가 자산 소득이 많은 이유는 아래의 공식으로 나타낼 수 있다.

> 자신의 회사 종업원 수의 노동 = 종업원 수에 비례한 수입
> 자신 소유의 자산(부동산, 주식 등) 수입 = 일반인 몇 배의 수입

  그러면 우리는 어떻게 해야 하는가?

  기요사키의 충고에 의하면, 현금 흐름 사분면에서 왼쪽 영역에 해당하는 사람은 먼저 오른쪽 영역 중에서도 '사업가' 영역으로 옮기는 것이 좋다. 물론 '투자자' 영역으로 옮기는 것이 제일 바람직하지만, 여건이 되지 않는다면 먼저 성공적인 사업가가 되기를 권한다. 사업의 경험이 있어야 어떤 사업에 투자할지를 알 수 있기 때문이다.

  기요사키는 사업가가 되는 방법을 3가지로 말한다.

  첫째, 회사를 차리는 것이다. 돈과 능력이 있으면 회사를 설립하라는 얘기다. 회사를 차리는 것은 큰 자본과 기술력을 필요로 하고 실패의 위험도 있지만, 그런 점은 스스로 감당해야 한다.

둘째, 성공적인 가맹점(franchise)에 가입해 기존의 성공 시스템을 사는 것이다. 이 방법은 실패의 위험은 적으나 가맹비가 상당해 부담이 크다는 단점이 있다. 그러니 돈은 있으나 사업을 벌일 능력이 안 되면 가맹점 사업을 하는 것이 낫다.

셋째, 돈도 능력도 없는 평범한 사람이면 '네트워크마케팅'을 해본다. 이는 성공 시스템을 활용하는 것이므로 위험요소가 적고 가맹비 부담도 없다. 다만, 초기엔 사업 시스템을 열심히 배워야 하므로 시간을 내서 공부하는 노력이 필요하다. 돈 버는 시스템의 일원이 되어 그 시스템을 활용하는 사업이므로 시스템이 잘 구축되어 있는 회사와 그룹에 들어가는 것이 무

---

**경제적으로 자유를 얻는 3가지 방법**

1. 회사를 차린다 → 시스템 개발
2. 가맹점에 가입한다 → 시스템 구매
3. **네트워크마케팅을 한다 → 시스템 활용**

로버트
기요사키의
부자
마인드

"부자들은 자산에 관심을 갖고
가난한 사람들은 수입에 관심을 갖는다."

척 중요하다.

필자는 30대에 경제연구소에서 수석연구원으로 재직하면서 미술 학원, 커피 전문점, 의류 체인점을 부업으로 했고, 또 암웨이도 소개받아 네트워크마케팅 사업을 하며 인터넷 회사도 창업해서 운영하는 등 기요사키가 말한 3가지 방법의 사업을 모두 해보았다. 이 중에서 20년이 지난 지금도 꾸준히 인세 같은 수입을 받는 것은 암웨이 사업이 유일하다.

# 네트워크마케팅 회사의
# 선택 기준

　지금 직장을 다니고 있거나 전문직에 종사하고 있다면 기요
사키가 말한 사업가가 되는 3가지 방법 중 첫 번째나 두 번째
방법을 실행하기가 쉽지 않다. 그러나 세 번째 방법인 네트워크
마케팅은 업무가 끝난 후에도 할 수 있을 뿐만 아니라 자본 없
이 사업을 배울 수 있고, 네트워크 자산을 늘림으로써 인세 수
입을 얻을 수 있어 지금의 일을 그만두지 않고도 할 수 있다.

　이때 네트워크 회사를 신중히 선택해야 한다. 회사의 규모
가 어느 정도 이상인지, 자체 생산 공장이 있는지, 제품의 품질
은 인정받고 있는지, 적어도 10년 이상 검증된 회사인지 등을

신중히 알아보고 선택해야 한다. 그리고 회사를 선택하고 나면 사업 시스템이 잘 갖춰져 있어 성공자들이 많이 배출된 그룹이나 커뮤니티를 찾아 사업을 배우는 것이 좋다. 애용자 네트워크를 애써서 만들었는데 회사가 부도나거나 커뮤니티가 해체되면 어떻게 되겠는가? 또 회사 규모가 작고 지명도가 낮으면 다단계판매 사업으로 전락해 주위 사람들에게 제품을 팔다가 돈도 못 벌고 피해만 줄 수도 있다. 이렇게 유사 업종을 한두 번 하다가 실패하면 주위 사람들로부터 신뢰를 잃게 되어 네트워크마케팅 사업을 다시 하기가 쉽지 않다. 따라서 처음에 좋은 네트워크마케팅 회사와 그룹을 제대로 선택해서 시작하는 게 매우 중요하다.

네트워크마케팅 회사의 선두주자로 인정받는 암웨이는 일반 다단계판매 회사와 다른 점이 많다. 세법상 암웨이도 다단계판매 업종으로 분류되어 있지만 사업 방식과 제품 수준, 기업 문화의 현격한 차이 때문에 필자는 암웨이를 네트워크마케팅 회사로 분류한다. 여관과 호텔도 동일한 숙박 업종이지만 그 차이가 크지 않은가. 물론 호텔도 무궁화가 몇 개냐에 따라 서비스와 시설이 크게 차이가 나지만 말이다.

## 성공하는 네트워크마케팅 회사는 이런 점이 다르다

암웨이와 일반 다단계판매 회사의 차이점은 4가지로 정리할 수 있다.

첫째, 암웨이는 유통 회사가 아니라 생필품 제조 회사다. 생필품과 건강기능식품, 화장품, 정수기, 공기청정기 등을 직접 제조한다. 그것도 세계 최고 수준의 제품력을 자랑한다. 여타 회사는 대부분의 제품을 OEM(주문자 상표 부착 생산 방식)으로 매입해서 유통시키지만, 암웨이는 세계 최고 품질의 생필품을 직접 제조해 암웨이 쇼핑몰에서만 유통시킨다.

둘째, 암웨이 쇼핑몰에서 취급하는 수천 종의 제품은 대부분 생필품이기에 브랜드만 바꿔서 쓰는 자가 소비만으로 점수를 올릴 수 있어 캐시백을 안정적으로 받을 수 있다. 이는 '회원들의 수입이 비교적 안정적이다'라는 말과도 통한다. 한국의 경우, 암웨이 쇼핑몰을 이용하는 회원들 가운데 90%가 암웨이 제품이 좋아서 꾸준히 애용하는 소비자라는 통계가 이를 말해 준다. 사업적으로 회원을 늘려가는 사업자 비중은 암웨이 쇼핑몰 이용 전체 회원의 10%도 안 된다.

셋째, 보너스를 받기 위해 자신의 회원번호로 일정 금액 이상 실적을 올려야 한다는 규정이 없다. 보통 다단계판매 회사는 제품의 구색 수가 적거나 생필품이 아닌 단발성 제품을 취급하면서 자신의 회원번호로 매달 일정 금액 이상의 판매 실적을 올려야 보너스를 받을 수 있어 실적에 대한 압박이 큰 편이다. 보통은 자신의 회원번호로 200만~400만 원 내외의 판매 실적을 올려야 보너스를 지급받기 때문에 사업자들은 보너스를 받기 위해 매월 정해진 실적을 올려야 한다. 이는 보험회사나 방문판매 회사도 마찬가지이다.

사람들은 판매 수당을 지불한다는 이유로 암웨이도 최소 판매 실적이 있어야 보너스를 받는 줄 착각한다. 그러나 암웨이는 자신의 회원번호로 사거나 팔지 않아도, 자기가 소개한 회원들이 올린 자가 소비 실적이 있고 해당 점수 기준에 해당하면 보너스를 지급한다. 매달 자신의 회원번호로 일정 금액 이상의 구매나 판매 실적이 있어야 보너스를 지급하는 여타 다단계판매 회사와 다르기에 제품의 재고 부담이 거의 없다.

물론 욕심으로 제품을 사재기하듯 미련스럽게 사서 손해를 보는 경우도 있다. 하지만 그런 사업자는 네트워크마케팅 사업의 전개 방법을 몰라서 그렇게 하는 것이다. 암웨이는 사재기하는 방법으로는 결코 성공할 수 없다. 여타 다단계판매 회사에서 안 좋은 경험을 했던 사업자들이 암웨이의 보너스 체계도 당연히 그런 줄 알지만, 실상은 그렇지 않다.

넷째, 암웨이 쇼핑몰에서 유통되는 모든 제품은 회원 등급이나 자격과 관계없이 동일한 회원가로 제공된다. 회원 등급이나 매출 실적에 따라 공급되는 제품 가격이 다른 여타 다단계 회사와는 다르다. 그렇기에 사재기를 할 필요도 없고, 재고를 많이 확보할 필요도 없다. 필요한 제품을 필요한 시점에 구매하면 된다.

인터넷이나 정보통신이 발달된 한국 시장에서 암웨이 매출이 십수 년간 꾸준히 안정적으로 성장한 이유는 이런 특징들이 있기 때문이다. 그런 의미에서 네트워크마케팅 회사와 다단계 판매 회사는 구분되어야 한다.

## 위험성이 없는 재테크

사실 노후의 재정 문제를 해결하는 데는 수십억 원의 목돈보다 매달 200만~300만 원 이상의 연금 같은 수입이 더 가치가 있다. 부부가 매달 200만~300만 원 이상의 연금 수입이 있다면 어느 정도의 생활수준은 유지할 수 있다. 2년에서 5년간 꾸준히 사업을 해서 이 정도의 수입이 죽을 때까지 꾸준히 나오고, 자식에게도 상속되는 사업이 있다면 어떻겠는가? 아마도 돈 걱정이 덜어져서 마음이 편해질 것이다. 작은 의미에서 재정적인 자유는 별것이 아니다. 평생 먹고사는 데 지장이 없는 일정 규모의 연금 수입을 확보하는 것이다. 이 문제를 해결하고 나서 다른 일을 하는 게 순리다.

아래 그림을 보면 보통 사람들은 수입에서 지출을 뺀 금액을 저축해서 목돈을 만들고 부동산·예금·주식 등을 통해 자산을 불려나간다. 하지만 은행 상품 이외에는 위험성이 꽤 높은 편이어서 원금이 훼손될 가능성이 크다. 위험도에 비해 수익률은 생각만큼 높지 않다. 주식이나 부동산 투자는 인세와 같은 수입을 꼬박꼬박 벌기가 쉽지 않다. 자금이 묶여 있거나 손

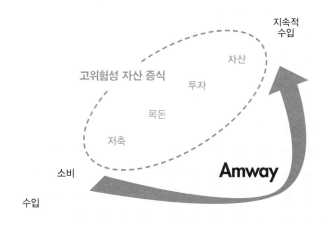

실을 보지 않으면 그나마 다행이다. 부동산과 주식도 치열하게 공부하지 않으면 돈을 벌기 힘들다.

하지만 암웨이는 일반 재테크와 다르다. 어차피 사야 할 생필품을 암웨이 쇼핑몰에서 구입하고, 제품에 만족하면 구전을 통해 회원을 가입시키고 이들이 제품을 잘 애용할 수 있도록 도우면 그 노력에 해당하는 보너스가 발생하기 때문이다.

즉 암웨이는 겉으로는 판매하는 것처럼 보이나, 본질적으로는 암웨이 제품의 애용자들을 규합해 지속적으로 수입이 창출되도록 하는, 위험성이 전혀 없는 사업이다.

참고로, 암웨이가 판매 수입이 아닌 자산 수입이라는 말이 잘 이해가 안 되는 분들은 6장을 몇 번 반복해서 읽어보면 도움이 될 것이다.

# 제4장

## 카피캣 마케팅과 체인점의 성공 원리

평범한 직장인이나 소규모 자영업자들은 자신의 시간을 들여 열심히 일을 해야만 수입이 생긴다. 반면 사업가나 투자자는 제한된 시간, 노력, 자금 등을 지렛대로 활용해서 부와 자산을 증식해간다.

이번 장에서는 지렛대 개념을 매장에 적용한 체인점업의 개념을 설명하고 체인점업이 왜 부각되고 있는지를 설명한다. 이러한 점포형 체인점업 개념이 인터넷 쇼핑몰과 결합되면 무점포형 체인점업의 형태를 띠게 되는데, 대표적인 쇼핑몰이 바로 네트워크마케팅의 선두주자인 암웨이 쇼핑몰이다. 이번 장에서는 무점포형 체인점업의 개념과 성공 원리도 함께 설명한다.

자신에게 기회가 왔을 때 도전하고,
그 도전을 통해 새로운 인생을 개척해나가는 것이
암웨이 마인드입니다.
그리고 매순간 잊지 말아야 할 것이 열정입니다.
사업에 대한 열정은 물론이거니와
자신에 대한 열정, 삶에 대한 열정을 가진 사람들이
성공과 가까워집니다.

장인수&장문정
암웨이 FCA 성공자 인터뷰 중에서

# 물장수와
# 파이프라인 사업

　'파이프라인 우화'를 들어보았는가? 물지게꾼 A는 양동이로 열심히 물을 퍼나르며 임금을 받는 생활에 뿌듯해했고, 돈을 더 많이 벌길 원한 물지게꾼 B는 몇 년 동안 파이프라인 건설에 공을 들였는데, 결과적으로 파이프라인이라는 시스템을 구축한 B가 더 큰 부를 누렸다는 이야기다. 여기서 A는 직장인이나 자영업자에, B는 사업가나 투자자에 비유되곤 한다.

　여러분은 지금 어떻게 돈을 벌고 있는가? 양동이로 매일 물을 퍼서 나르며 돈을 벌고 있는가, 아니면 파이프라인을 건설하는 중이거나 이미 건설했는가? 직장이나 점포에 나가야만 돈을 벌 수 있는 직장인 혹은 자영업자인가, 그렇지 않으면 파이프라인을 건설해 꾸준히 수입을 올리는 투자자 혹은 사업가인가?

물통을 나른 만큼 돈을 버는 것이 나쁘다는 뜻이 아니다. 물통을 나르지 않으면 돈을 벌 수 없다는 점을 상기시키는 것이다. 물통을 날라야 돈을 버는 시스템은 수입이 지속적이지 못하고 일시적이라는 위험성을 안고 있다. 만약 내 몸이 아프거나 비나 눈이 와서 일을 하지 못하면 수입은 제로가 된다. 20년간 일을 했건 30년간 일을 했건 그만두는 순간 수입이 제로로 변하는 건 변함이 없다. 직장인도 마찬가지다. 퇴직을 하는 순간, 정리해고를 당하는 순간 수입은 제로다.

그러나 파이프라인을 건설한 사람은 파이프라인이 건설되는 동안은 많은 시간과 노력과 난관을 겪지만, 파이프라인이 가동되기 시작하면 더 이상 물통을 나를 필요가 없다. 파이프라인은 1년 365일 가동되며, 휴식을 취하거나 잠을 자는 동안에도, 심지어 병원 침대에 누워 있어도 끊임없이 소득을 가져다줄 수 있다. 이때의 파이프라인은 매일 물통을 날라야 받는 임금이나 시간당 임금으로부터 자유롭게 해주는 생명줄과도 같다.

세상에는 물지게꾼 A처럼 물통만 나르며 사는 사람들이 많다. 물통만 지지 않았지 직장이나 사업장에 정기적으로 출근해 일을 하는 것도 물지게꾼 A의 삶과 같다. 물통에 의지하는 삶은 자유가 없고 부자가 되기 힘들다. 그러므로 여러분이 새로운 일이나 사업을 구상하고 있다면 그 일이나 사업이 양동이로 물을 길러 나르는 형태의 일인지, 파이프라인을 건설하는 일인지를 잘 판단하고 시작해야 한다.

사업을 하려면 노력이 축적되어 수입이 지속적으로 나올 사업을 하라. 파이프라인을 건설하는 것과 같은 사업을 하라. 물통을 계속 날라야 수입을 얻을 수 있는 사업은 시작도 하지 마라. 지금까지의 시행착오, 즉 시간과 돈을 맞바꾸는 함정에서 나를 꺼내줄 일과 사업을 해야 한다.

# 시간과 돈을
# 레버리지하는 사업

　　레버리지(leverage)란 '영향력'이라는 뜻도 있지만, 기업이나 개인 사업자가 차입금 등 타인의 자본을 지렛대처럼 이용해 자기 자본의 이익률을 높이는 것을 의미한다.

　　우리는 무거운 물건을 들거나 옮길 때 도르래나 지렛대를 이용한다. 혼자 힘으로는 도저히 들 수 없는 물건도 지렛대를 활용하면 새끼손가락만으로도 가뿐히 들어 올릴 수 있다. 이것이 레버리지 효과다. 레버리지 효과에 의하면, 어떤 지렛대나 도구를 현명하게 사용함으로써 우리는 좀 더 적은 노력과 시간과 자원으로 어려운 일을 해낼 수 있다. 이것은 제한된 시간, 노력, 자금을 최대한 활용할 수 있도록 도와준다. 삶에서 없어서는 안 될 매우 중요한 개념이다.

물통과 파이프라인도 레버리지 효과의 관점에서 해석할 수 있다. 물통 나르기는 노력과 결과가 1:1의 비율로 나타난다. 하지만 파이프라인의 경우 1의 노력에 수천 배, 수만 배의 물이 파이프라인을 통해 운반된다. 파이프라인 모델에서는 더 이상 노력과 결과의 비율이 1:1이 아니다. 이처럼 레버리지 효과의 원리를 이용하면 같은 노력으로도 수백 배, 수천 배, 수만 배 이상의 결과를 얻을 수 있다.

레버리지 효과의 원리를 시간과 돈에 적용할 줄 알면 효율적으로 부를 획득할 수 있다. 예를 들어, 시간에 레버리지를 적용하면 1시간의 노력이 수백 시간, 수천 시간 이상의 결과물로 나타난다. 기업가가 수백 명의 직원을 고용해 일을 시키는 것도 마찬가지다. 기업가나 투자자는 레버리지 효과의 원리를 잘 활용하고 있다.

예를 들어, 현대자동차 창업주가 자동차를 혼자 만들었다면 그가 이익의 모두를 가져갔을 것이다. 그러나 혼자서는 1년에 몇 대밖에 만들 수 없음을 알고 수천 명의 직원을 채용해 일을 나누어 시켰고, 그 결과 현대자동차 창업주는 매년 수천 대 이상을 생산해낼 수 있었다. 그는 직원들을 채용해 업무를 나누어줌으로써 자신의 시간과 재능을 더욱 효과적으로 활용했고, 한국에서 가장 부유한 사람이 될 수 있었다. 기업을 만들고 많은 직원을 채용해서 업무를 처리하는 것 자체가 바로 시간의 레버리지 효과를 이용한 것이다.

또 다른 예는 주식 투자나 복리저축에서 볼 수 있다. 만일 1997년에 주당 1천200원(2018년 1/50 액면분할가로 환산)이었던 삼성전자 주식에 1억 원을 투자했다면, 최근 주가가 6만 원대임을 감안하면 1억 원이라는 투자액이 오늘날 50배 이상인 50억 원으로 늘어났을 것이다. 불가능한 일 같은가? 1억 원을 투자해서 50억 원의 이익을 볼 수 있다는 사실이 믿기지 않을 수도 있다. 그러나 이것이 돈을 지렛대 삼아 배가증식을 한 결과다. 수년에 걸쳐서 주식의 가치가 50배, 100배 이상 된 기업들이 국내에도 많다. 선견지명을 가지고 그런 기업들 중 한 회사를 선택해 꾸준히 투자했다면 오늘날 여러분은 백만장자가 되어 있을 것이다.

이렇듯 시간과 돈의 레버리지 효과를 활용하면 많은 돈을 벌 수 있다.

이와는 반대로 자신의 시간과 노력을 들여서 1:1의 결과물만 얻는 평범한 직장인이나 소규모 자영업자는 레버리지 효과를 활용하지 못하는 사람들이다. 자기가 열심히 땀을 흘려 번 돈만 가치 있게 생각하는 사람은 물통을 지어 나르는 사람과 같다.

　레버리지 효과를 누리고 싶은가? 그러면 파이프라인을 구축한 사업가나 투자자를 모방하라. 지금 여러분의 시간과 돈을 레버리지하는 방법을 찾아내라. 일은 한 번에 끝내고 나머지는 지렛대가 알아서 돈을 벌어줄 수 있다면 얼마나 멋진 일인가? 돈을 벌기 위해 시간에 얽매이지 않아도 되지 않겠는가? 그 방법을 찾아낼 수 있다면 미래에는 엄청난 보상을 경험하게 될 것이다.

# 카피캣 마케팅의 꽃,
# 체인점 사업

여러분이 살고 있는 지역의 중심지에는 어김없이 빨간색 바탕에 노란색 M자가 박힌 간판을 단 햄버거점이 있을 것이다. 바로 맥도널드 체인점이다. 동네 식당들이 줄줄이 문을 닫는 와중에도 맥도널드 점포들은 엄청난 수입을 올리고 있다. 그 이유는 무엇일까?

동네 식당과 맥도널드의 차이는 아마도 시스템의 차이일 것이다. 동네 식당의 요리 솜씨가 아무리 좋아도 똑같은 맛과 서비스를 전 세계에 공급하는 맥도널드를 따라잡을 수는 없다.

세계의 모든 맥도널드 점포는 본사의 판박이처럼 운영된다.

본사는 가맹점으로부터 1천만 원에서 1억 원 이상의 가맹비를 받고 해당 점포에 설비, 교육, 상표를 사용할 수 있는 권리를 제공한다. 건물 임대료, 시설비, 각종 공과금, 인건비는 모두 가맹점이 부담한다. 본사는 이렇듯 가맹점에 안정적으로 돈을 벌 수 있는 시스템을 빌려주고 매출의 일정액을 로열티(인세)로 가져가는 것이다.

그래서 맥도널드 체인점들은 서울 명동에서 빅맥을 주문하든, 미국 뉴욕에서 빅맥을 주문하든 한결같은 제품과 서비스를 제공한다. 그뿐이 아니다. 감자튀김 기계나 테이블, 간판, 조리 도구 설비, 인테리어 등도 동일하다.

이미 입증된 맥도널드의 성공 시스템은 실패의 가능성을 미리 차단할 수 있도록 설계되었기 때문에 1955년 1호점 개점 이래 거의 모든 점포가 이익을 내고 있다. 물론 최근에 세계적인 경기불황으로 문을 닫는 점포가 있다고는 하지만, 2016년 말 기준 세계 120여 개국에 3만 7천여 곳이 있을 정도로 체인점의 대표주자는 여전히 맥도널드다. 이처럼 세계적인 네트워크를 가지게 된 비결로 체인점이라는 사업 방식을 꼽을 수 있다.

체인점 사업의 원리는 이렇다. 사업의 핵심이라 할 수 있는 아이디어, 개념, 운영 방식, 브랜드는 본사가 소유하고 있으며 체인점주는 이를 일정 기간 동안 임차해 사용한다. 여기서 체인으로 묶이는 것은 사업 시스템이다. 본사는 자신이 보유한 시스템과 상표 같은 무형자산이 시설과 원료 같은 유형자산보다 훨씬 가치가 있음을 깨달았기 때문에 이러한 사업을 벌일 수 있었다. 햄버거를 파는 것보다 햄버거 판매 시스템(상표, 운영 노하우 등)이 더 가치 있다는 사실을 터득한 것이다.

이러한 시스템은 본사에도 가맹점에도 장점을 제공한다. 본사는 시설비나 인건비에 막대한 돈을 투자하지 않고 점포를 직접 운영하지 않으면서도 사업 범위를 넓힐 수 있고, 가맹점은 운영 기술, 브랜드, 성공이 입증된 시스템을 통해 사업을 안정적으로 할 수 있다. 이러한 장점이 인정을 받으면서 체인점 시스템은 전 세계로 퍼져나갔고, 독자적으로 운영되던 전통적인 소규모 점포들은 빠른 속도로 사라지고 있다. 미국의 경우에도 소매 유통량의 40% 정도가 체인점에 의해 유통될 정도다.

사실 체인점은 오래전부터 있어온 사업 방식이지만, 1955년에 밀크셰이크 기계 판매원인 레이 크록이 당시 맥도널드점을 운영하던 맥도널드 형제로부터 사업권을 사서 체인점을 운영하면서 주목받기 시작했다.

크록은 체인점 사업이 성공하려면 모든 점포가 똑같아야 한다고 보고 성공적인 체인점 사업 시스템을 구축하기 위한 모든 사항을 빠짐없이 기록하고 정리해 완벽한 매뉴얼을 만드는 데 혼신의 노력을 기울였다. 그 결과 누가 맥도널드 점포를 운영하더라도 본사의 매뉴얼대로만 하면 성공할 수 있도록 설계되었다.

만일 사업 모델이 특정인의 사업 수완에 따라 성공 여부가 달라진다면 사업을 크게 일으키기 어렵다. 예를 들어, 크록이 다른 사람들에게 점포 운영권을 주지 않고 혼자 운영했다면 그곳에서 나오는 수익금은 전부 가질 수 있었겠지만 큰돈을 벌지는 못했을 것이다. 그는 혼자 힘으로는 몇 개의 점포밖에 운영할 수 없다는 사실을 잘 알고 있었다. 그래서 맥도널드 체인점 사업을 원하는 사람들에게 자신의 햄버거 운영 시스템을 따라 할 수 있도록 가르쳐줌으로써 그의 시간과 재능을 더욱 효과적으로 활용할 수 있었다. 레버리지 효과를 제대로 누린 것이다.

기요사키는 사업 시스템을 소유한 사람이어야 경제적인 자유를 누릴 수 있다고 말하면서 사업 시스템에는 다음의 3가지 종류가 있다고 말한다.


● **전통적인 사업**: 시스템을 직접 개발하는 것
● **체인점 사업**: 시스템을 사오는 것
● **네트워크마케팅**: 시스템의 일부가 되는 것


각각의 사업 시스템에는 장단점이 있지만 어떤 사업 시스템이든 제대로 가동되면 물리적인 노력이 없어도 시스템 소유주는 꾸준히 수입을 창출해낼 수 있다.

이러한 특성으로 인해 사업 실패율이 비교적 적은 체인점으로 사람들이 몰리고 있다. 전통적인 기업은 힘든 일이 수반될 뿐만 아니라 실패 확률이 매우 높기 때문에 사람들은 많은 비용을 지불하더라도 성공이 입증된 체인점 사업을 하고 싶어하는 것이다. 미국 국무성 자료에 따르면 과거 10년간 체인점의 실패율은 5% 이하인 데 비해, 사업 시스템이 없는 자영업은 사업 시작 첫째 연도의 사업 실패율이 약 50%에 달했다.

그러나 일반적인 체인점 사업을 시작하려면 수천만 원에서 수십억 원의 돈이 필요하므로 보통 사람들은 엄두를 내지 못하는 것이 현실이다. 그래서 로버트 기요사키가 추천하는 사업이 바로 네트워크마케팅이다. 네트워크마케팅은 점포가 필요 없을 뿐만 아니라 일정액의 가입비를 내면(한국암웨이는 가입비가 없다) 기존의 사업 시스템을 활용해 즉시 사업을 할 수 있도록 도와준다.

최근에는 인터넷의 발달로 각종 서류 업무, 주문 처리, 배송, 세금 등 복잡한 업무를 네트워크마케팅 회사에서 모두 대행해 주므로 네트워크마케팅 사업자들은 사업 시스템을 새로 만들 필요도 없다. 그저 소비자에게 특정 인터넷 쇼핑몰에서 주문해

쓰는 것이 유리하다는 사실을 인지시켜 단골 고객 확보에만 주력하면 된다. 그렇기 때문에 네트워크마케팅 사업은 자본금 없이 개인적인 체인점을 운영하는 것과 비슷한 효과를 누릴 수 있다. 필자가 직접 20년 이상 네트워크마케팅 사업을 해오고 있기 때문에 자신 있게 얘기할 수 있다.

"많은 사람이 모방할 수 있는 성공적인 체인점 사업에서 아이디어를 얻어라."

여러분도 성공적으로 사업을 운영하면 체인점을 내주는 본점이 될 수 있다. 그럴 수 없다면 체인점을 사서 점포 수를 늘려라. 이것도 곤란하다면 네트워크마케팅 사업을 하라. 체인점과 네트워크마케팅 사업은 직접 사업 시스템을 개발하지 않고 성공이 입증된 사업 시스템을 사서 활용하는 것이다. 이러한 체인점의 원리를 이해하고 사업을 진행한다면 빠른 시일 내에 성공할 수 있다.

# 네트워크에 의존하게 될
# 미래의 체인점 사업

과거 산업 사회가 소유권 중심의 시장경제였다면 현재의 초연결 사회는 신뢰를 바탕으로 정보를 공유하는 사용권 중심의 네트워크 경제라 말할 수 있다. 과거에는 시장에서 물건을 사고 팔았다면 정보화 사회와 초연결 사회에서는 아이디어와 지식을 인터넷(네트워크)에서 사고판다. 이는 엄밀하게 말해서 '아이디어나 지식을 사용할 수 있는 권한을 사고파는 것'이다. 《소유의 종말》을 쓴 제레미 리프킨은 이를 접속(connect)이라는 개념으로 표현하고 있다.

초연결 사회에서는 유형재산보다는 무형재산이 훨씬 가치가 높다. 실제로 유형재산은 경제적인 주도권을 잃어가는 반면, 무형재산은 접속에 기반을 둔 새로운 시대의 주역으로 급부상하고 있다. 특허, 저작권, 상표권, 영업 기밀 등에 포함되어 있는 아이디어가 특히 그렇다. 인터넷상에서의 가상기업들은 이러한 무형재산을 기반으로 광범위한 네트워크를 구축하기가 산업 사회 때보다 훨씬 쉬워졌으며, 경제력을 소수의 기업에 효과적으로 집중시킬 수 있게 되었다.

체인점 운영에 대한 열기가 전 세계로 확산되면서 독립적으로 운영되던 소규모 점포는 빠른 속도로 사라지고 있다. 우리나라에서도 구멍가게들은 편의점에 밀려 찾아보기 힘들어졌으며, 의류·가구·문구류 등 대부분의 사업 영역에서도 체인점들이 눈에 띄게 늘어나고 있다. 하다못해 병원, 약국, 주유소, 미용실, 호텔, 식당 등 상상할 수 있는 거의 모든 상품과 서비스가 체인점화되고 있다. 통계청 자료(2018년 기준)에 의하면 국내 체인점 수는 21만여 곳이고, 체인점에 고용된 인원은 80만 명이 넘는다. 1979년 롯데리아를 시작으로 체인점이 본격적으로 성장했다고 보면 40여 년 만에 체인점은 우리나라에서 가장 중요한 사업 형태로 자리잡은 셈이다.

체인점 사업은 얼핏 보기에는 소규모의 반독립 사업체처럼 보인다. 체인점주가 본사와 사업권 계약을 맺고 점포, 시설 등을 갖추고 사업을 한다. 물론 직원을 고용해 제품을 만들거나 서비스를 제공하고 이윤을 창출하는 것은 일반 자영업과 동일하다. 그러나 체인점은 사업체를 소유하는 것이 아니다. 즉 사업의 핵심이라 할 수 있는 아이디어, 운영 방식, 브랜드 등은 본사의 소유다. 따라서 현실적으로 이들 점포는 점주가 독립적으로 운영하며 소유권을 행사할 수 있는 사업체가 아닌 것이다.

체인점 방식은 본사가 점주들에게 사업 아이디어, 운영 방식, 브랜드 등을 일정 기간 동안 사용할 수 있게 허용한 것이기 때문에 계약 기간이 지나면 다시 갱신해야 한다. 즉 체인 가맹점은 사업체를 사들인 것이 아니라 본사(공급자)와 미리 정한 조건에 따라 본사의 지적재산을 일정 기간 사용할 수 있도록 허락받은 것에 불과하다. 따라서 체인점 계약의 핵심은 소유권의 양도가 아닌 사용권의 일시적인 획득(접속)에 있다고 볼 수 있다.

이러한 사업 방식은 소유권 중심의 경제에서 사용권 중심의 초연결 사회로 이행해가는 새로운 조직의 특성을 잘 보여준다. 체인점 본사는 흩어진 독립 자영업자들을 강한 흡인력으로 꾸준히 모아 막강한 공급자를 중심으로 형성된 네트워크에 편입시킨 후 사용권만 주어 영향력을 행사한다.

즉 각각의 사업 영역에서 아이디어에 대한 독점권을 보유한 소수의 기업이 안전한 수익 기반을 확보하기 위해 광범위한 공급자—사용자 네트워크를 만듦으로써 산업 전체를 좌지우지할 수 있는 힘을 갖게 된다. 이는 이들의 네트워크에 의존해야 살아남는다는 뜻이기도 하다.

하지만 미래에는 체인점의 형태도 변화할 조짐을 보이고 있다. 지금의 체인점이 점포를 기반으로 한 오프라인상의 네트워크라면 미래의 체인점은 온라인상의 무점포 네트워크 형태가 될 것으로 보인다. 이러한 무점포 체인점 사업은 인터넷을 기반으로 한 네트워크 사업의 형태로서 이미 보편화되고 있다.

# 무점포 체인점 사업, 네트워크마케팅

    디지털경제 시대에는 기업을 둘러싼 환경의 변화 속도가 점점 빨라지고 제품 주기 또한 급격히 짧아지므로 소비자들의 특정 제품에 대한 충성심을 기대하기가 힘들다. 아울러 인터넷의 발전은 기업들의 경쟁 범위를 넓혀 한 지역에서의 경쟁우위가 아닌 세계 무대에서 경쟁우위를 확보해야 살아남을 수 있는 환경을 조성하고 있다. 이런 상황에서 소비자들은 단기간에 다양한 제품들이 쏟아져 나오니 선택의 폭이 넓어져 훨씬 다채로운 소비 활동을 하게 되었다.

    이와 같은 경영 환경에서 기업의 성공은 시장에서 일시적으로 팔아치우는 제품의 양보다는 고객과의 장기적 유대관계에 의해 좌우되는 상황으로 변해가고 있다. 그러니 기업에서는 소비자들의 충성심을 확보하기 위한 마케팅 활동을 다양하게 전개할 수밖에 없다.

안정적이고 충성심 높은 고객을 확보하는 것이 생존과 직결된다는 인식을 하게 된 기업들은 소비자들의 보다 적극적인 권리 찾기를 만족시킬 수 있는 구매(사업) 방식을 찾기 시작했다. 그중에서도 무점포 체인점 사업 형태로 발전해가는 네트워크마케팅 사업이 양자의 이해관계를 충족시켜줄 수 있는 대안으로 거론되고 있다.

네트워크마케팅 사업이란 소비자들이 조직적으로 연대해 거대한 유통 네트워크를 형성함으로써 공급자와의 교섭력을 높여 이윤을 추구하는 활동을 말한다. 공급자들이 네트워크를 형성해서 기업의 경쟁우위를 확보하려는 것처럼, 소비자들 역시 연대해 일련의 유통 네트워크를 갖추면 기업으로부터 유리한 조건으로 구매하고 소비자로서의 권한을 강화해나갈 수 있을 것이라는 가정에서 출발한 개념이다.

그러면 네트워크마케팅 사업에 직간접적으로 관련된 사업자들 혹은 소비자들은 어떠한 이윤을 창출해낼까? 이는 소비자(네트워크마케팅 회사의 회원)들이 광고나 불필요한 중간유통 업자들을 경유하지 않고 제조사로부터 직접 구매하는 시스템이므로, 기업은 마케팅 관련 비용을 지불하지 않고도 물건을 팔 수 있다. 그러면 기업은 누군가에게 지불해야 할 광고비·유통비·판매 촉진비를 소비자들의 네트워크 집단에 보상(캐시백)해줄 수 있어 제조사와 소비자 모두에게 유리한 사업 형태로 발전할 수 있을 것이다.

체인점의 경우 사업 주체가 점포를 가지고 있는 유통업자라면, 네트워크마케팅 사업은 사업 주체가 소비자라는 점이 크게 다르다. 또한 체인점은 매장과 직원, 제품 구입 등 조건을 갖춰야 개점이 가능하지만, 네트워크마케팅은 무상으로 인터넷 쇼핑몰에 대한 사업 권한을 부여받는다. 무점포인 인터넷 쇼핑몰을 분양받는 개념이다. 즉 체인점 사업에서는 체인점을 내주는 권한이 본사에만 있지만, 네트워크마케팅 사업에서는 쇼핑몰을 회원들에게 분양해준다는 점이 크게 다르다. 당연히 매장이 필요 없으며, 직원이나 사무실도 필요 없다. 제품 재고를 가지고 있을 필요는 더욱 없다. 게다가 외국에서는 대부분 회원가입비를 받지만 국내에서는 무료로 운영권을 준다.

암웨이의 경우 인터넷 쇼핑몰에서 판매되는 제품의 수송과 배송, 관리 등은 모두 회사가 지원한다. 또한 네트워크마케팅 사업자들의 커뮤니티를 통해 회원을 유치하고 사업을 키워나가는 방법을 교육을 통해 전수받을 수 있으므로 누구나 쉽게 시작할 수 있다. 택배나 애프터서비스 등도 회사가 다 알아서 해준다. 인터넷 쇼핑몰을 분양받은 사업자는 구전 중심의 홍보 활동을 통해 회원을 유치하고, 회원들이 제품을 잘 사용할 수 있도록 안내하고, 쇼핑몰이 주는 혜택을 가르쳐서 사업을 복제할 수 있도록 도와주면 된다.

이처럼 네트워크마케팅 사업자는 온라인상에서 쇼핑도 하고 마케팅 활동을 통해 회원을 모집할 수 있는 온라인 쇼핑몰을 별도의 비용 없이 분양받게 되므로, 체인점 가맹에 들어가는 수많은 비용을 절감할 수 있다.


원래 네트워크마케팅 사업은 믿음에서 시작되었다. 필요한 제품을 자신이 분양받은 인터넷 쇼핑몰에서 구입해서 써보고, 좋으면 누군가에게 그 인터넷 쇼핑몰을 소개해주고, 소개받은 사람은 그 쇼핑몰을 통해 필요한 제품을 구입하고 또 누군가에게 소개하는 식으로 구전이 체인 형태로 연결될 수 있다면 거대한 소비자들의 네트워크이면서 동시에 광고 및 유통의 역할을 하게 되는 커뮤니티로 발전할 것이라는 믿음 말이다. 그러므로 네트워크마케팅 사업으로 성공하기 위해서는 네트워크마케팅 회사(본사)를 잘 선택해야 한다. 체인점 사업에서 본사를 선택하는 것이 중요한 요소이듯, 네트워크마케팅 사업을 할 때도 안정적이고 검증된 회사를 선택해야 한다.

네트워크마케팅 회사는 성공적인 체인점 회사와 비슷한 점이 있다. 네트워크마케팅 회사는 자사의 소비자들에게 인터넷 쇼핑몰의 사업 운영권, 질 좋은 제품과 완성된 시스템을 플랫폼 형태로 제공한다. 이 플랫폼에는 인터넷 쇼핑몰은 물론 네트워크마케팅에 대한 핵심 노하우를 담은 책자, 전단, 동영상 강의 및 오디오 강의 자료 등 체계적인 사업자 교육 프로그램 등을 모두 포함한다. 체인점 사업과 네트워크마케팅 사업에서 가장 중요한 것은 이러한 사업 시스템이다.

체인점 사업과 네트워크마케팅 사업에서 성공하는 비결은 새로운 것을 혁신적으로 도입하는 능력에 있는 것이 아니라 모방하는 능력에 있다. 네트워크마케팅 사업은 사업자가 기존의 사업 시스템을 얼마나 잘 따라할 수 있느냐에 따라 성패가 좌우된다. 그러므로 좋은 네트워크마케팅 회사를 만나야 하는 것은 물론, 양질의 콘텐츠가 포함된 교육 시스템을 제공해줄 수 있는 사업자 그룹을 만나서 지원받을 수 있다면 보다 쉽게 성공할 수 있다.

제레미 리프킨이 지적한 것처럼 현재는 지적재산을 무기로 한 점포의 체인화가 주요 유통 형태로 인식되고 있지만, 초연

결 사회에서는 무점포(온라인 쇼핑몰) 체인점 방식인 네트워크마
케팅 사업이 급속히 확대될 것으로 전망된다. 그러니 초연결
시대를 준비하고자 한다면, 현재의 유망한 체인점 사업 방식이
'점포형 네트워크마케팅 사업'이라면 미래의 유망한 체인점 사
업 방식은 '무점포형 네트워크마케팅 사업'이 될 것임을 잊어선
안 된다.

# 제5장

# 유통의 변화와
# 네트워크마케팅

암웨이는 생필품 유통 회사이지만, 생필품을 직접 제조하는 회사이기도 하다. 다만 자사의 제품을 팔기 위한 광고나 중간유통 단계를 두지 않고 직접판매 방식을 취하고 있어 소비자들이 보기에 익숙하지 않을 뿐이다. 일반 회사는 광고 업체를 통해 제품을 홍보하고 유통 업체를 통해 제품을 유통시키기 때문에 광고 업체나 유통 업체에 많은 비용을 지불하는데, 이는 모두 소비자들이 물건을 구입할 때마다 부담하게 된다. 암웨이는 광고 업체나 유통 업체들이 하는 제품 유통의 역할을 암웨이 회원들이 구전을 통해 대신 할 수 있도록 하고, 그들에게는 광고 업체와 유통 업체에 지불할 돈을 보상해준다. 회원 입장에서는 좋은 제품을 저렴하게 사서 좋고, 제품을 유통시키는 노력을 통해 사업 기회와 보상을 받을 수 있어서 좋다.

자기 자신을 믿으십시오.
'다른 사람은 다 되어도 나는 안 될 거야'라고
생각하지 말고,
'다른 사람은 다 안 되어도 나는 될 거야'라고
생각하면 할 수 있습니다.
이 사업은 남을 후원하는 게 아니라
결국 자기 자신을 후원하는 일입니다.

윤영미&권인건
암웨이 FCA 성공자 인터뷰 중에서

# 일반 유통 방식과
# 암웨이 유통 방식

 전통적인 유통 방식은 생산자가 제품을 생산하면 총판, 도매점, 소매점을 거쳐 최종 소비자에게 전달된다. 일반적으로 생필품의 경우에는 생산자의 원가 비중이 최종 소비자 가격의 20% 정도를 차지하고, 나머지 80% 정도는 광고와 총판, 도소매까지의 중간유통 비용이다. 전통적인 유통 방식에서 소비자들은 제품의 품질과 직접 관련이 없는 비용을 80% 정도나 부담하는 셈이다.

 이러한 중간유통 단계를 줄이기 위해 들어선 것이 할인점이다. 이마트, 홈플러스 등으로 대표되는 할인점은 중간유통 단계를 줄였기 때문에 소비자들은 30% 정도 싸게 물건을 구입할 수 있다. 하지만 이러한 할인점도 새로운 유통 방식인 인터넷 쇼핑몰, 통신 판매 등 무점포 판매망의 급성장으로 경쟁력을 점차 잃어가기 시작했다. 인터넷 쇼핑몰, 통신 판매점 등 홈쇼핑 업체들이 할인점 가격으로 제품을 팔면서 집으로 배달까지 해주니 그 편리함에 소비자들이 매료되는 건 당연하다. 국내의

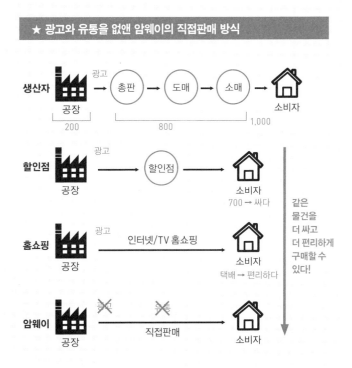

★ 광고와 유통을 없앤 암웨이의 직접판매 방식

대표적인 홈쇼핑 업체로는 GS샵, 쿠팡, 옥션, G마켓 등이 있다. 그러나 이러한 인터넷 쇼핑몰도 중간유통 회사이며 마진을 상당 부분 챙겨가므로 유통 단계를 줄일 여지가 더 있는 셈이다.

SNS와 정보통신 기술, 물류 서비스 기술이 고도로 발달하면 중간유통 단계가 배제된 직접판매 방식으로 발전될 수밖에 없다. 대표적인 예가 미국의 델컴퓨터와 암웨이다. 델컴퓨터는 1980~1990년대 세계 최대 PC 판매사로 컴퓨터 주변 기기 외에도 HDTV, 카메라, 프린터, MP3 플레이어 등과 같은 전자 제품도 취급했는데, 중간유통 단계를 거치지 않고 직접 소비자와 거래하는 혁신적인 유통 구조를 도입해 세계적인 컴퓨터 회사로 성장했다. 암웨이도 델컴퓨터처럼 직접판매 방식을 채택하고 있지만, 델과는 달리 대중광고에 돈을 지불하지 않고 제품을 직접 소비해본 소비자들의 구전 노력을 통해 유통되는 제품에 고유의 점수를 부여해서 점수에 따라 보상을 해준다는 점이 다르다. 두 회사 모두 세계적인 기업으로 성장했다.

# 암웨이는
# 마트 바꿔 쓰기

.

'암웨이를 한다'는 것은 그동안 일반 마트에서 사던 생필품을 암웨이 쇼핑몰에서 소비한다는 말이고, 이를 반복하다 보면 본인이 애용자가 되고, 제품이 좋아서 주변에 소개하다 보면 그들도 애용자가 되면서 보상(캐시백)이 늘어나 인세와 같은 수입을 받게 된다는 뜻이다. 즉 소비가 지출에서 멈추지 않고 선순환되어 애용자들이 꼬리에 꼬리를 물고 늘어나다가 일정 규모 이상이 되면 애용자들의 공동구매 단위가 커지고 그에 상응해 수입(캐시백)도 커진다. 처음에는 수입이 용돈처럼 들어오지만 나중에는 연금 수입 형태로, 자산 수입 형태로 커질 수 있다.

즉 일반 마트만 이용하면 단순 소비로 끝날 일인데, 암웨이 쇼핑몰을 이용함으로써 수입으로 연결되는 것이다.

사업 하면 판매를 하거나 투자하는 것을 떠올리기 쉬운데, 암웨이 사업은 생필품을 암웨이(쇼핑몰) 제품으로 바꿔 쓰고 만족하면 주위에 소개하는 구전 활동으로 사업이 이루어지고 수입이 창출된다. 그래서 암웨이를 처음 접하거나 이러한 사업 개념을 이해하지 못한 사람들은 다단계나 이상한 판매 방식으로 오해하기도 한다. 물론 지금은 암웨이가 창업된 지 60년 이상 되었고, 한국에 들어온 지도 30여 년 되어 그런 오해를 많이 덜었지만 말이다.

암웨이 사업은 이 마트 저 마트에서 구매하던 생필품을 암웨이 쇼핑몰로 바꿔보는 일에서 시작된다. 주방용 세제, 의류용 세제, 청소용 세제, 세안용품, 칫솔과 치약, 샴푸, 화장품, 화장지, 건강기능식품 등 우리가 살아가면서 꼭 써야 하는 생필품을 암웨이 쇼핑몰에서 구매해서 사용해보고 좋으면 "당신도 암웨이 쇼핑몰을 이용해서 생필품을 구매해보라"고 주위에 소개하면 된다. 그렇게 회원이 한 명 두 명 늘어나기 시작해 암웨이 쇼핑몰을 이용하는 사람들의 수가 일정 규모 이상 커지면 자산 수입으로 되돌려 받고, 회원 규모가 커질수록 자산성 수입은 늘어난다.

# 암웨이는
# 구전이 생명

    암웨이는 일반 회사와 달리 판매나 유통 조직이 없다. 암웨이 회원들을 지원하는 영업컨설팅 부서가 있을 뿐이다. 회원들에게 제품 정보를 전달하고 회원들이 다른 회원을 잘 후원할 수 있도록 돕는 게 이 부서의 일이다.

    암웨이의 생명력은 구전이 잘되는 것인데, 그러려면 몇 가지 조건을 갖춰야 한다.

    일단, 제품이 좋아야 한다. 품질이 좋지 않은 물건으로는 결코 구전이 잘될 수 없다. 따라서 암웨이는 연구 개발비와 좋은 원료 확보에 노력을 많이 들이는 고품질 정책을 취하고 있다.

일반 회사 제품의 원가가 소비자 가격의 20% 수준이라면 암웨이 제품은 35% 이상이다.

또 회원들이 만족할 만한 보상 정책이 있어야 한다. 보상 면에서 암웨이는 타의 추종을 불허한다. 회원들에게는 정가에서 30% 할인된 70% 회원가로 공급하고, 매출액의 35%는 암웨이 회사가 소비자 회원 기금을 조성해 회원들의 구전과 제품 유통 노력 정도에 따라 캐시백을 회원가입 시 등록한 은행 계좌에 매달 입금해준다.

그 외에 100% 만족 보증 제도를 채택해 소비자 회원이 제품에 만족하지 않으면 사용 여부와 관계없이 3개월 이내(미국은 6개월 이내)에 무조건 100% 환불해주고 있으며, 주문 후 24시간 이내에 배송해주는 것을 원칙으로 하고 있다.

그러므로 암웨이 회원은 ①물건을 써보고 ②좋으면 주위 사람들에게 소개하고 암웨이 쇼핑몰을 알리거나 ③제품만 써보고자 하는 단순 소비자들에게는 제품을 구입해서 전달할 수 있다. 즉 암웨이 회원은 구전이라는 행동을 통해 ①소비자의 역할 ②광고업자의 역할 ③유통업자의 역할을 동시에 하는 것이다.

과거의 암웨이 판매 방식은 유통업자의 역할이 매우 중요했지만, 지금은 인터넷과 SNS의 발달로 정보 전달의 역할이 더

## 지속적인 구전을 위한 네트워크마케팅 회사의 선결 조건

1. 우수한 품질의 제품
2. 품질 대비 저렴한 가격
3. 100% 만족 보증
4. 용이한 홈쇼핑과 빠른 택배 서비스
5. 구전 광고에 대한 합리적인 보상(캐시백)

중요해졌다. 소비자들이 각자의 회원번호로 인터넷이나 모바일, 전화로 홈쇼핑하고, 제품과 서비스에 만족한 주위 사람들을 암웨이 회원으로 가입시키고 쇼핑하는 방법을 안내하는 것만으로도 사업이 되는 네트워크마케팅 형태로 발전되었기 때문이다.

보상 정책을 비롯한 이 모든 것이 가능한 것은 유통되는 전 제품에 점수를 부여하고, 전 세계적으로 연결된 회원들의 구전 기여 정도를 슈퍼급 컴퓨터로 철저히 누계해 관리하는 엄청난 컴퓨팅 파워 덕분이다.

이렇듯 암웨이는 구전이 잘되는 조건을 고루 갖추고 있어 만족하며 사업을 할 수 있다.

## 암웨이의 차별화된 보상 제도

암웨이가 일반 홈쇼핑 회사들과 가장 크게 차별화되는 것이 바로 보상 방식이다. 일반 홈쇼핑 회사들은 보통 매출액의 1% 미만을 캐시백해주는데 암웨이는 매출액의 35% 내외를 캐시백해준다. 여러분은 일반 쇼핑몰의 캐시백을 받아보았을 것이다. 생활에 큰 도움이 되던가? 아마 별로 큰 도움이 되지 않았을 것이다. 왜냐하면 혼자 구매해서 쌓는 캐시백은 한계가 있기 때문이다.

대부분의 쇼핑몰은 자가 소비한 금액에 대해서만 캐시백을 해주지만, 암웨이는 자가 소비는 물론 구전 소비까지 합쳐서 점수화해 보상을 해주기에 노력 여하에 따라 보상받는 캐시백 규모가 현격히 다르다. 암웨이는 절감된 광고비 및 유통비 몫으로 전체 매출액의 35%만큼 회원들에게 보상해주는데, 한국 암웨이의 최근 매출액이 1조 2천억 원을 넘어섰으니 1년에 약 4천억 원 이상을 회원들에게 캐시백해주는 셈이다.

여러분이라면 자가 소비만 인정해주는 기존의 쇼핑몰에서 쇼핑하겠는가? 아니면 자가 소비는 물론 내가 소개한 회원들과 또 그들이 소개한 회원들이 소비한 것까지를 총체적으로 계산해서 보상해주는 암웨이 쇼핑몰에서 쇼핑하겠는가? 그것도 1

회성이 아닌, 지속적으로 소비하면 매달 그 실적을 계산해서
준다면 말이다.

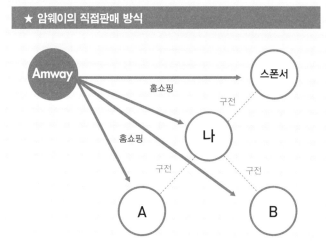

★ 암웨이의 직접판매 방식

1. 우수한 품질의 제품
2. 품질 대비 저렴한 가격
3. 100% 만족 보증
4. 용이한 홈쇼핑과 빠른 택배 서비스
5. 구전 광고에 대한 합리적 보상(캐시백)

**소비자 만족 → 구전**

네트워크 점수 = 자가 소비 점수 + Σ소개 소비 점수
**누가 캐시백을 제일 많이 받을까?**

# 합법적인
# 네트워크마케팅의 조건

네트워크마케팅을 불법 피라미드로 오해하는 분들이 있는데, 둘은 본질적으로 차이가 있다.

우선 합법적인 네트워크마케팅은 입회비가 없거나, 있다 하더라도 아주 적다. 반면, 불법 피라미드는 가입 초기에 상품을 강매하거나 가입비, 교육비 명목으로 많은 입회비를 받는다.

제품의 품질에도 차이가 많이 난다. 네트워크마케팅은 지속적이고 반복적인 구매가 일어나는 생필품을 주로 판매하기 때문에 품질이 생명이다. 품질이 좋지 않으면 구전도 힘들고 반복구매가 일어나지 않는다. 반면 불법 피라미드는 1회성 고가 내구재 등을 주로 판매한다.

합법적인 네트워크마케팅 회사는 제품의 품질에 자신이 있기 때문에 100% 환불 제도 및 만족 보증 제도를 가지고 있다. 즉 쓰다가 마음에 들지 않더라도 보상을 해줄 정도로 강력한 소비자 만족 보증 제도를 운영하고 있지만, 불법 피라미드는 환불 제도나 만족 보증 제도가 없다. 이에 대한 회사의 정보는 직접판매공제조합이나 한국특수판매공제조합에 등록되어 있는 업체인지를 확인해봐도 알 수 있다.

또한 네트워크마케팅 사업은 제품의 재고 부담이 없지만(재고의 반품이 자유로우므로), 불법 피라미드는 의무적으로 판매해야 할 금액이 있어 강매가 일어나기 쉽다. 네트워크마케팅 사업은 단지 회원을 많이 가입시킨다고 수입이 발생하는 것이 아니다. 몇천 명을 가입시켜도 제품이 소비되지 않으면 수입이 없다. 제품의 소비와 유통에 기여한 회원들에게만 보상이 주어지기 때문이다. 반면, 불법 피라미드는 가입한 회원 수에 따라 수입이 발생한다. 따라서 종국에는 상위에 있는 소수의 사람들이 돈을 챙겨 달아나는 경우가 많아 늦게 가입한 회원일수록 피해를 보게 되어 있다. 그러나 건전한 네트워크마케팅 회사는 제일 나중에 가입한 사람이 피해를 보는 일이 없다.

또한 네트워크마케팅은 단기간에 수입이 발생하는 시스템이

## :: 네트워크마케팅 회사와 불법 피라미드 회사의 차이점

| 구분 | 네트워크마케팅 회사 | 불법 피라미드 회사 |
|---|---|---|
| 직접판매공제조합 가입 유무 | 가입 | 가입되지 않음 |
| 입회비 | 연 1만 원 이하 또는 없음 | 대부분 고액 |
| 주요 판매 제품 | 반복구매 가능한 생필품 | 내구재 고가 제품 |
| 환불 반품 규정 | 100% 보장 | 특별한 규정이 없음 |
| 재고 부담 | 없음 | 있음 |
| 사업자 시각 | 중장기적 사업 | 단기적 일확천금의 수단 |
| 수입 배분 방식 | 선착순이 아닌 노력 순 | 선착순이 무조건 유리 |

아니므로 부업의 형태로 시작할 수 있지만, 불법 피라미드는 단기간에 큰돈을 벌 수 있다고 유혹해서 다니던 직장을 그만두게 하고 전업으로 유도하는 경우가 많다. 따라서 위와 같은 차이점을 충분히 살펴보고 가입을 하거나 활동하는 것이 좋겠다.

암웨이는 세계적으로 매출 규모가 제일 큰 직접판매 회사이지만, 사람들이 대표적인 다단계판매 회사로 알고 있기 때문에 불법적인 다단계판매 회사, 즉 불법 피라미드 회사에 대한 좋지 않은 시선을 떠안아온 면이 없지 않아 있다. 물론 지금은 한국에 들어온 지 어언 30여 년에 이르고 애용자들이 많아져서 암웨이를 오해하는 사람이 거의 없다.

악명 높은 불법 피라미드 회사들이 난립하기 시작한 건 암웨이가 성장을 하던 1960년대 후반부터로 게로마(Ger-Ro-Mar), 홀리데이 매직(Holiday Magic), 코스콧(Koscot) 등의 자석요 회사들이 대표적이다. 이들의 불법적인 활동으로 여론이 악화되면서 암웨이는 1975년 미국 연방통상위원회(FTC. 우리나라의 공정거래위원회)로부터 제소되었으나 FTC는 1979년 '암웨이의 판매 방식은 윤리적이고 합법적이다'라고 판결했다.

FTC의 판결은 암웨이의 마케팅 플랜을 분명하게 인정하고, 암웨이와 같은 합법적인 영업 방식과 불법적인 피라미드 방식의 차이를 명확하게 구분 짓는 계기가 되었다. 이 판결 직후부터 암웨이는 미국에서는 물론 세계 여러 나라에 진출하면서 급성장 가도를 달리게 되었다.

미국이나 일본 등의 선진국에서는 네트워크마케팅이 이미 직접판매 방식의 하나로 정착되었으며, 소비자의 구매 패턴도 통신 판매, 홈쇼핑, 모바일 쇼핑 등의 무점포 쇼핑 방식으로 진화되고 있다. 한국에서도 엄청나게 발전을 해왔다.

이처럼 네트워크마케팅이 21세기의 유망한 유통 방식이라 할지라도 이를 전개하는 회사와 사업자들의 사업 전개 방식에 따라 결과가 달라지므로 건실한 회사인지를 잘 살펴보고 선택해야 한다. 또한 건실한 회사일지라도 사업을 같이 하는 사람들이나 그룹이 얼마나 합법적이고 윤리적인 행동 지침을 가지

| 구분 | 미국 | 한국 |
|---|---|---|
| 개시 연도 | 1959년 | 1991년 |
| 법적 보호 | 1979년 | 1995년 7월 |

가입비 저렴
or 없음
(환불 가능)

합리적인
품질과 가격

포화 위험
없음

고 진행하는지를 알아보고 결정해야 한다.

네트워크마케팅이 잘 활용된다면 암웨이처럼 소비자와 생산
자 모두에게 유익한 유통 방식으로 활용될 수 있지만, 잘못 활
용되면 사회적으로 문제를 야기할 수 있음을 알아야 한다.

제6장

# 캐시백의 원리를 알면
# 사업이 보인다

암웨이 애용자들은 암웨이가 직접 만든 450여 종의 생필품과 위탁판매 제품을 암웨이 인터넷 쇼핑몰을 통해 회원가로 구매하며, 구전 덕분에 절감된 광고비와 유통비 몫으로 매달 암웨이로부터 보상(캐시백)을 받는다. 회사 차원에서 매출액의 약 35%를 적립해두었다가 회원들이 자가 소비한 점수와 구전 노력을 합한 점수를 매달 컴퓨터로 집계해 암웨이의 보상 기준에 따라 공평하게 보상해주는데, 이 방식이 매우 독특하고 합리적이다. 여러분이 이 보상 방식을 제대로 이해하면 그 정교함과 천재성에 충격을 받을지도 모른다.

암웨이는 진정한 삶의 가치를
깨닫게 해주는 사업이며,
성공자를 친구로 만들어주는 사업이고,
많은 사람이 일 때문에 포기한
가족의 사랑을 되찾아주는 사업입니다.
그리고 그 끝에는 인생의 모든 자유가 기다리고 있습니다.
온 마음을 다해서 자신의 꿈을 향해 달린다면
암웨이는 반드시
기대 이상의 성공으로 보상할 것입니다.

홍인희&김우종
암웨이 FCA 성공자 인터뷰 중에서

# 보너스의 원천은
# 절감된 광고비와 유통비

전 세계는 물론 한국에서도 보상(캐시백)을 제일 많이 주는 회사가 있다. 어디냐고? 바로 암웨이다. 최근 한국에서만 매출액이 1조 2천억 원이 넘었으니 매출액 35% 전후에 해당하는 약 4천억 원을 회원들에게 돌려준 것이다.

앞에서 말했듯이 암웨이는 여타 유통 업체와 달리 광고를 하지 않으며, 중간유통 조직을 두지 않는다. 또한 일반인에게는 판매하지 않고 회원들에게만 상품을 판매한다. 회원들이 직접 암웨이 쇼핑몰에 전화하거나 컴퓨터 또는 모바일로 상품을 주문하면 정가에서 30% 할인된 회원가로 집까지 배달해준다.

이는 홈쇼핑 업체와 시스템이 같다. 정보통신 기술이 발달되기 전에는 회원들이 물류 창고에서 물건을 구입해 주문한 사람의 집으로 배달해줬지만 2000년 이후부터는 인터넷 쇼핑몰 형태로, 지금은 모바일 쇼핑몰 형태로 운영되어 집까지 택배 서비스를 하고 있다.

설립 당시부터 암웨이는 '품질이 좋고, 품질에 비해 가격이 저렴하면 입소문이 나서 광고 없이도 제품이 유통될 것'이라고 믿어왔다. 그래서 광고 모델, 언론사, TV 매체 등에 광고비를 주는 대신 소비자 회원들의 구전 광고에 의존하는 영업 방식을 채택한 것이다. 언론 매체나 중간유통 업체에 지불해야 할 광고비와 유통비는 별도의 보너스 기금으로 적립해서 구전으로 광고와 유통에 기여한 회원들에게 일정한 보상 기준에 따라 캐시백해준다. 이는 소비자들이 연대해 공동구매를 하고 여기서 나오는 보너스 기금을 기여 공로에 따라 나누어 갖는 방식과 같다.

보너스 기금은 매출액의 35% 내외가 적립된다. 이 중 21%는 네트워크 점수에 입각한 매출의 기여도에 따라 배분하고, 나머지 14%는 다른 회원을 얼마나 성공시켰는가에 따라 지급한다. 이는 각기 1차 보너스(21%), 2차 보너스와 여행 보너스 등 추가 보너스(14%)로 분류해 해당 회원들의 통장에 매월 혹은 연말에 현금으로 보상해준다.

## PV와 BV의 개념 이해하기

암웨이의 보너스 제도를 이해하려면 먼저 PV와 BV에 대해
알아야 한다.

### PV와 BV의 개념

**PV (Point Value. 제품 점수)**
각 제품에 부여된 고유 점수로, 자격과 보너스 수준을 결정하는 수
치. 거의 변하지 않는다.

**BV (Business Volume. 제품 가격지수)**
각 제품에 부여된 점수로, 보너스 금액을 결정하는 수치. 사업자 회
원(ABO) 가격에서 부가세 10% 정도를 뺀 금액이다.

암웨이의 제품 카탈로그를 보면 회원가(A)와 PV, BV 수치가
보인다. PV는 제품 점수이고, BV는 제품 가격지수를 말한다.
다른 쇼핑몰에서는 쉽게 볼 수 없는 개념이다. 이는 물가가 오
르면 그에 연동해서 보너스가 오르도록 설계된 것으로, 암웨이

보상 구조에만 있는 독특한 제도이다. 즉 월간 합산된 PV에 의해 보너스 비율이 결정되고, 이 비율이 월간 합산된 BV에 곱해짐으로써 보너스 금액이 결정된다.

모든 보너스는 1개월간 유통되는 모든 제품에 대한 PV의 합산과 그에 따른 보너스 비율표에 따라 결정된다. 회계연도 2020년 9월 1일 기준으로 PV와 BV의 비율은 1:1.6 수준이다. 따라서 20만PV는 32만BV가 되는데, PV와 BV의 비율은 제품에 따라 다르며 해마다 국내 소비자 물가지수와 연동되어 조정된다. 예를 들어 암웨이 쇼핑몰에서 3% 캐시백 기준인 20만PV가 되려면 약 32만 원어치의 물건을 구매해야 한다. 보통 BV는 사업자 회원(ABO) 가격에서 10%인 부가가치세를 뺀 금액이다. 이는 세금을 뺀 나머지 금액을 회원들에게 보상해주기 위함이다.

## 물가에 연동해서 오르는 수익 구조 (PV와 BV)

PV와 BV는 물가에 연동해서 수입이 자동 보정되는 구조라 인플레이션으로 물가가 오르면 그만큼 수입이 올라가게 되어 있다. 그래서 암웨이 수입은 애용자 네트워크가 안정되면 인세 수입으로서 가치가 있다고 하는 것이다.

옆 페이지의 표를 보자. 현재 1천만PV는 캐시백 21% 적용을 받아

210만 원 캐시백을 받을 수 있는데, 칫솔 1세트 가격이 1만 1천 원이고 칫솔로 1천만PV를 쌓으려면 칫솔 1천 개가 유통되어야 한다. 그런데 10년 뒤 물가가 10배로 인상되어 칫솔 1세트 가격이 11만 원이 되었다고 가정할 때 PV는 현재와 같이 1만PV(불변)이고 BV는 10만이된다. 그러면 1천만PV가 되려면 칫솔 1천 개가 유통되어야 하니 칫솔을 전달하는 노력은 현재나 10년 뒤나 동일한데 캐시백은 BV로 계산해주니 10배로 뛰어 2천100만 원 보상을 받게 된다.

즉 현재 1천만PV가 되기 위해 칫솔을 1천 세트를 유통시키는 노력이 필요하다면, 10년 뒤에도 칫솔을 1천 세트 유통시켜야 한다. 단, 물가 10배 올랐다면 그에 연동해서 캐시백도 10배 올려주는 이 개념은 인플레이션에 따른 수입 저하를 보정해주기 위한 조치이다.

| 구분 | 현재 | 물가 10배 상승 | 내역 |
|---|---|---|---|
| 회원가 | 1만 1천 원 | 11만 원 | 물가 10배 상승 |
| BV | 1만 | 10만 | 회원가−부가세 |
| PV | 1만 | 1만 | 영구불변, 적용률(%) 산출의 기준 |
| 1,000만PV | 1천 개 | 1천 개 | 동일한 노력 |
| 적용 % | 21% | 21% | 동일한 노력, 동일한 적용률 |
| 총 BV | 1천만 | 1억 | 수입 계산의 기준 |
| 캐시백 수입 | 210만 원 | 2천100만 원 | 적용률×총 BV (물가 10배 상승 → 수입 10배 상승) |

# 1차 보너스 계산 예시

만약 A가 암웨이 쇼핑몰에서 생필품을 이번 달에 5차례 홈
쇼핑했다고 가정하면 암웨이 쇼핑몰의 '나의 구매 이력'에 다음
과 같은 표가 기록으로 남겨진다.

**∷ 월간 구매 실적 합계('나의 구매 이력' 예시)**

| 구매일 | PV 합계 | BV 합계 |
|---|---|---|
| 1일 | 99,340 | 151,000 |
| 7일 | 39,430 | 62,700 |
| 13일 | 37,740 | 60,000 |
| 21일 | 18,240 | 29,000 |
| 27일 | 6,920 | 11,000 |
| 월간 합계 | 201,670 | 313,700 |

A의 구매 실적은 PV 합계가 20만 1천670이고, BV 합계가
31만 3천700이다. 1차 보너스 비율표를 확인해보면 A의 월간
구매 실적이 20만 1천670PV이므로 1차 보너스 비율표 3%(20만
PV 이상)에 해당하며, 1차 보너스를 계산하면 본인 구매 실적인
31만 3천700BV에 1차 보너스 비율 3%를 곱하면 9천411원이
된다. 즉 9천411원이 A의 통장으로 입금된다.

이를 단순화한 옆 페이지의 표는 20만PV 달성 시 9천600원

(6천 원×1.6)이 캐시백되는 것을 보여준다.

## ★ 보너스 요율표와 기본 캐시백 계산 방식

| 1. 자가 소비 2. 구전 광고 | |
|---|---|
| **1차 보너스** | |
| 20만PV~ | 3% |
| 60만PV~ | 6% |
| 120만PV~ | 9% |
| 240만PV~ | 12% |
| 400만PV~ | 15% |
| 680만PV~ | 18% |
| 1000만PV~ | 21% |
| **추가 보너스** | |
| 퍼포먼스 플러스 | 2% |
| 퍼포먼스 엘리트 | 3% |
| 루비 | 5% |
| **2차 보너스 여행 보너스 등 14%** | |
| **35%** | |

**일반**
- 광고 유통 80%
- 제조 원가 20%

**암웨이**
- 회원 할인 30%
- 소비자 기금 35%
- 제조 원가 35%

남을 도와 성공

### 암웨이 회원의 혜택

1. 우수한 품질의 제품
2. 품질 대비 저렴한 가격
3. 100% 만족 보증
4. 용이한 홈쇼핑과 빠른 택배 서비스
5. 구전 광고에 대한 합리적 보상(캐시백)

나
20만PV 소비

제품 가격 연동 지수 → PV : BV = 1 : 1.6
20만PV = 32만 원(BV)

20만PV × 3% = 6,000원
**20만PV 소비 시 실제 캐시백 : 6,000 ×1.6 = 9,600원**

# 보너스 배분 방식의
# 기본 모형

이제부터는 계산의 편의를 위해 PV : BV = 1 : 1.6(2020년 기준)으로 가정하고 암웨이의 보너스 배분 방식을 설명해보겠다.

한 예로, 내가 있고 나에게 암웨이를 소개한 스폰서가 있다고 가정하자. 내가 암웨이 제품을 써보니까 제품이 마음에 들고 좋아서 친구 A와 선배 B에게 소개했다. 그리고 4명 모두 20만PV씩 제품을 구매했다. 이런 경우 누가 보너스를 제일 많이 받을까?

물론 여기서 20만PV는 암웨이 제품을 32만 원 소비했을 때의 PV 지수로 계산상 편의를 위해 가정한 숫자이다. 결코 얼마

이상 구입해야 하는 의무 구매액은 없다. 우리나라의 경우 4인 가족 기준으로 가구당 생필품 관련 소비액이 월 150만 원 내외라고 보면 20만PV는 무리가 없는 숫자다.

## 암웨이 보너스는 선착순이 아닌 노력 순

암웨이는 일차적으로 매출에 기여한 순서대로 보너스를 나누어준다. 스폰서로 인해서 발생된 매출은 스폰서, 나, A, B가 소비한 합계인 80만PV이다. 위의 경우, 전체 매출 80만PV에 대한 보너스는 보너스 요율표에 의하면 6%에 해당해 4만 8천(80만×6%)이 된다.

이 금액은 4가구가 함께 공동구매한 결과이므로 보너스도 함께 나누어 가지게 될 것이다. 마찬가지로 나로 인해 발생된 매출은 60만PV, A와 B는 혼자 소비했으므로 각기 20만PV씩이다. 이런 경우 누가 수입이 제일 많을까? 아마 대부분은 스폰서라고 생각할 것이다. 왜냐고? 제일 먼저 시작했고 공동구매 점수가 제일 많으니까.

그렇다면 스폰서의 보너스를 계산해보자. 스폰서는 전체 보너스 중 나로 인해 발생된 보너스를 뺀 나머지를 받게 된다. 즉 나로 인해 발생된 매출 60만PV에 대한 보너스는 앞의 보너스 요율표에 의거해 6%에 해당하는 3만 6천이 된다. 그러므로 스

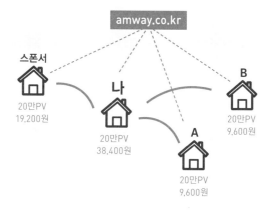

★ 암웨이 보너스는 선착순이 아니라 노력 순

배분 원리 :
나중에 소개받은 사람 먼저 주고, 남는 것을 스폰서(S)에게 주는 방식

amway.co.kr

스폰서
20만PV
19,200원

나
20만PV
38,400원

A
20만PV
9,600원

B
20만PV
9,600원

| 1차 보너스 | |
|---|---|
| 20만PV~ | 3% |
| 60만PV~ | 6% |
| 120만PV~ | 9% |
| 240만PV~ | 12% |
| 400만PV~ | 15% |
| 680만PV~ | 18% |
| 1000만PV~ | 21% |

스폰서 그룹 : 80만 × 6% = 48,000
나 그룹 : 60만 × 6% = 36,000
**스폰서 = 스폰서 그룹 − 나 그룹**
스폰서 → 19,200원(12,000×1.6)

**나 = 나 그룹 − A − B**
A : 20만 × 3% = 6,000
B : 20만 × 3% = 6,000
A, B : 9,600원(6,000×1.6)

**나 → 38,400원**
**[(36,000 − 6,000 − 6,000)×1.6]**

폰서의 몫은 4만 8천에서 나 그룹의 몫인 3만 6천을 빼면 1만 2천이 남는데, 여기에 1.6(물가 연동지수)을 곱하면 1만 9천200원이 된다.

나의 보너스도 위와 동일하게 계산하면 된다. 나로 인해 발생된 소비 매출 60만PV 중 A와 B의 몫을 제외한 나머지를 받게 되는데 A와 B가 각자 20만PV씩 소비했으므로 보너스 요율표에 의거해 20만PV에 대한 3%의 보너스를 적용하면 각각 6천이다. 따라서 나의 보너스는 위 식에 근거해 3만 8천400원(3만 6천−6천−6천=2만 4천, 2만 4천×1.6)을 받는다.

A와 B의 보너스는 각각 9천600원(20만×3%×1.6)이 되며, 이들 금액은 그다음 달 14일에 암웨이에 등록한 각자의 통장에 입금된다.

위의 사례를 보면 누가 수입이 더 많은가? 먼저 시작한 스폰서(1만 9천200원)가 아니라 노력을 많이 한 내(3만 8천400원)가 보너스를 더 많이 받게 된다. 왜냐하면 스폰서는 나에게만 구전했지만, 나는 A와 B 두 명에게 구전 노력을 했기 때문이다. 즉 암웨이의 보너스 배분은 선착순이 아니라 노력 순이다. 가장 간단한 구조에서도 수입이 역전된다. 만약 먼저 한 사람이 무조건 유리하고 수입 구조가 바뀌지 않는다면 그건 피라미드 보상 방식이다. 그러나 암웨이는 피라미드가 아니다. 암웨이의 보상 방식은 일반적인 상식과는 반대되지만 노력을 인정해준다는 점에서 가장 상식적인 보상 방식이 아닐까 한다.


## 모두가 이익이 되는 윈-윈 방식

위 그림에서 스폰서가 내 보너스를 가져가는 게 아닌가 하고 의심할 수 있지만, 스폰서를 지우고 계산해도 내가 받을 수입은 똑같다. 만일 스폰서가 내 수입을 가져간다면, 스폰서를 제외할 경우 내 수입이 늘어나야 정상이다. 그러나 스폰서가 있든 없든 나 이하의 구전 점수는 60만이고 이에 상응하는 보너스 5만 7천600원에서 A와 B의 각각의 점수 20만씩의 보너스 9천600원씩을 차감하면 3만 8천400원 보너스가 동일하게 지급된다. 항상 나의 수입은 내가 노력한 그룹 구전 점수에 근거하므로 스폰서가 있든 없든 내가 받을 보너스 금액은 나, A와 B의 노력치로 변하지 않는다.

A와 B는 어떠한가? 그들이 구입한 상품은 집에서 쓰는 생필품이다. 어차피 사서 쓸 상품을 암웨이 쇼핑몰에서 싸게 구입해서 사용했으므로 경제적인 이득에 캐시백까지 받는, 이익이 되는 상생(Win-Win) 효과를 누리게 된다.

우리는 대부분 먼저 시작한 사람이 나중에 시작한 사람보다 더 많은 보너스를 받을 것으로 짐작하지만, 암웨이의 보너스 배분 구조는 그렇지 않다. 나중에 시작했다 하더라도 더 많은 노력을 하면 더 많은 수입을 받을 수 있도록 합리적으로 설계되어 있다. 이러한 점이 불법 피라미드 업체들과 다른 점이다.

# 무한 비즈니스로서의 확장 가능성: 6-4-2 모형

앞에서 본 것처럼 3만 8천400원을 벌자고 암웨이 사업을 시작하는 것은 아닐 것이다. 이 보너스 금액이 어떻게 커지는지를 차근차근 살펴보자.

## 1단계 : 혼자 소비

처음 암웨이를 소개받고 나 혼자 제품을 20만PV(32만 원 소비)만큼 사용했을 경우 3%인 9천600원의 보너스가 발생한다.

## 2단계 : 6명에게 구전

암웨이 플랜을 6명에게 권해서 그들도 나와 같은 소비자로 만들 경우, 그룹 매출은 나의 소비분을 포함해 140만(20만×6명 +20만)이 된다. 앞의 보너스 요율표에 의해 140만은 9%(12만 6천)가 보너스로 배분되며, 6명 각각의 보너스가 20만의 3%인 6

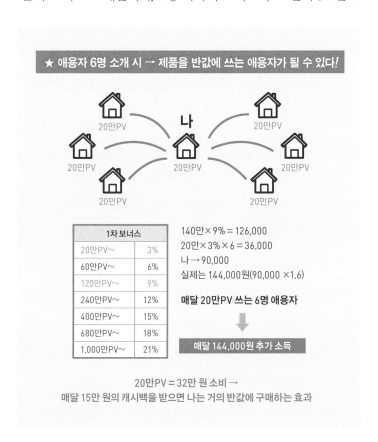

★ 애용자 6명 소개 시 → 제품을 반값에 쓰는 애용자가 될 수 있다!

| 1차 보너스 | |
| --- | --- |
| 20만PV~ | 3% |
| 60만PV~ | 6% |
| 120만PV~ | 9% |
| 240만PV~ | 12% |
| 400만PV~ | 15% |
| 680만PV~ | 18% |
| 1,000만PV~ | 21% |

140만×9% = 126,000
20만×3%×6 = 36,000
나 → 90,000
실제는 144,000원(90,000 ×1.6)

**매달 20만PV 쓰는 6명 애용자**
⬇
매달 144,000원 추가 소득

20만PV = 32만 원 소비 →
매달 15만 원의 캐시백을 받으면 나는 거의 반값에 구매하는 효과

천씩 배분되니 6명분을 제하고 나면 9만이 남는데, 이것을 보너스로 환산하면 14만 4천 원(9만×1.6)이 나의 통장에 들어오게 된다.

암웨이 제품을 꾸준히 애용하면서 6명에게 구전해 그들이 애용자가 되면 이 수입이 매달 들어올 수 있다. 즉 14만 4천 원이 매달 들어온다면, 암웨이 제품을 매월 30만 원 이상 애용하는 소비자의 경우 거의 반값에 사서 쓰는 효과를 보는 것이다.


## 3단계 : 6-4 모형

내가 구전한 6명이 각각 4명에게 암웨이를 구전해서 회원가입을 시키고 그들이 홈쇼핑을 하면 그룹 매출은 자가 소비분을 포함해 620만이 되며, 보너스 요율은 15%가 적용된다. 그룹에 할당된 수익 93만에서 하위 그룹 노력분인 36만을 빼주면 57만에 해당하는 캐시백이 나의 통장에 들어오는데, 이를 환산하면 91만 2천 원(57만×1.6)이다. 여기에 추가로 BP(옆 페이지 표 참조)를 달성하면 추가로 30%의 보너스를 더 지급받는다. 즉 118만 5천600원(91만 2천×1.3)을 보너스로 받는다.

매달 115만 원 이상이 통장에 들어온다면 기분이 어떨까?

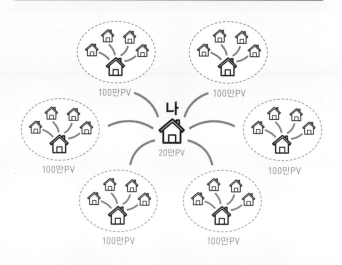

| 1차 보너스 | |
|---|---|
| 20만PV~ | 3% |
| 60만PV~ | 6% |
| 120만PV~ | 9% |
| 240만PV~ | 12% |
| 400만PV~ | 15% |
| 680만PV~ | 18% |
| 1,000만PV~ | 21% |

● **6명 → 각각 4명 애용자가 20만PV씩**

620만 × 15% = 930,000
100만 × 6% × 6그룹 = 360,000
930,000 − 360,000 = 570,000
나 → 912,000원(570,000 × 1.6)

● **이때의 나는 BP(Bronz Pin) 달성**

\* BP의 자격 조건 : 브론즈 빌더(Bronz Builder 이하 BB)
① 6% 이상 3레그 이상의 구조를 완성한 15% 이상 핀 달성자
② PF15(2014년 9월 포함) 이후 GP 미만 달성자

**2020년 9월 1일부터 BB 달성자는**
**1차 보너스 금액의 30%를 더 가산해주므로**
**912,000원 × 1.3배 = 1,185,600원**

약 11억 원의 자산 가치

현금 11억 원 → 매월 1,150,000원 이자 소득(연이자율 1.25% 기준)

이는 약 11억 원 정도를 연이자율 1.25%의 예금에 넣어두었을 때의 이자 수입과 맞먹는 금액이다. 월수입으로 보면 결코 적은 금액이 아니다. 이때 내가 한 일은 슈퍼나 할인점에서 물건을 사서 쓰던 구매 습관을 암웨이 쇼핑몰로 바꾸고, 그 정보를 주위 사람들에게 정확히 알려준 것이다. 그러면 암웨이 소비자 클럽에 수익 기금이 쌓여 내 노력만큼 보상이 주어지고 각각의 회원들에게도 노력만큼 보상이 배분된다. 15% 애용자 네트워크를 만들면 월 100만 원 이상 수입이 생길 수 있다. 지금 수입에 매월 100만 원이 추가로 들어오면 가정경제에 큰 도움이 되는 건 당연하다.

## 4단계 : 6-4-2 모형

한 단계 더 나아가서 그들이 각각 2명에게 구전해 암웨이 고객으로 만들면 그룹 매출은 1천580만PV가 되며, 같은 방법으로 계산하면 나의 보너스는 307만 2천 원이 된다.

계산 근거는 옆 페이지의 도표와 같다. 여기에 BB(브론즈 빌더. 6% 이상 3레그 이상의 네트워크 구조를 완성한 15% 핀 달성자. 레그란 나로부터 직접 연결되어 있는 회원 라인의 수를 말한다) 자격을 만

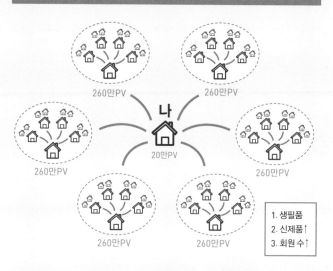

★ 1천만 애용자 네트워크 구축 시 → 자산 소득자가 된다!

260만PV    260만PV

260만PV    나    260만PV
            20만PV

260만PV    260만PV

1. 생필품
2. 신제품↑
3. 회원 수↑

| 1차 보너스 | |
|---|---|
| 20만PV~ | 3% |
| 60만PV~ | 6% |
| 120만PV~ | 9% |
| 240만PV~ | 12% |
| 400만PV~ | 15% |
| 680만PV~ | 18% |
| 1,000만PV | 21% |
| **추가 보너스**<br>(이하 Ruby PV 기준) | |
| 1,100만PV~<br>퍼포먼스 플러스 | 2% |
| 1,500만PV~<br>퍼포먼스 엘리트 | 3% |
| 1,900만PV~<br>루비 보너스 | 5% |

● 6명 → 4명 → 2명 애용자 20만PV
1,580만PV × 21% = 3,318,000
260만PV × 12% × 6개 그룹 = 1,872,000
3,318,000 – 1,872,000 = 1,446,000

(+)추가 퍼포먼스 엘리트 3%
1,580만PV × 3% = 474,000
1,446,000 + 474,000 = 1,920,000
**1,920,000원 × 1.6 = 3,072,000원**

● 단 2020년 9월 1일 이후는 BB 자격 충족 시
1차 보너스(1,446,000 × 1.6 = 2,313,600원)에
30% 더 가산(2,313,600원 × 30% = 694,080원)
**3,072,000원 + 694,080원 = 3,766,080원**

약 36억 원의 자산 가치

현금 36억 원 → 매월 3,750,000원 이자 소득(연이자율 1.25% 기준)

족시키면 유자격 SP(실버 프로듀서. 월간 그룹 점수 1천만PV 달성자)까지는 1차 보너스 금액의 30%를 한시적으로 더 계산해준다. 그래서 실제 수령액은 30%인 69만 4천80원이 추가된 376만 6천80원이 된다.


## 수입의 성격


이번 달에 376만 6천80원이 캐시백되었다면 다음 달에도 같은 금액이 통장에 입금될 수 있을까? 정확한 답은 '그럴 수도 있고, 그렇지 않을 수도 있다'이다.

그러나 암웨이 쇼핑몰은 다음과 같은 특성이 있어 다음 달에도 비슷한 금액이 캐시백될 가능성이 크다.

첫째, 주로 취급하는 제품이 생필품이다. 이번 달에 생활비 20만PV(32만 원 소비)를 지출하면 다음 달에도 재구매가 일어나게 된다. 치약, 칫솔, 샴푸, 린스 등은 매일 사용하니까.

둘째, 회원 수가 늘어날까 의아하겠지만 필자의 경험상 늘어난다. 제품이 좋고 회원가가 저렴하니 늘어나는 건 당연하다. 그에 따른 매출도 지속적으로 늘어난다.

셋째, 신제품이 매달 또는 분기별로 꾸준히 나온다. 그러면 회원들은 다른 마트에서 안 사고 암웨이 쇼핑몰에서 살 가능성이 높다. 따라서 캐시백이 한 번 들어오고 마는 게 아니라, 매달 인세 소득처럼 들어올 수 있는 것이다.

376만 6천80원은 36억 원을 은행에 예금해놓고 이자를 받는 것과 같다. 즉 36억 원을 은행에 넣으면 연이율이 1.25%일 경우 월 375만 원 정도 이자가 발생한다. 세금을 공제하면 그보다 적지만 결코 적은 금액이 아니다. 36억 원을 벌기가 쉬운가? 아니다! 한 달에 100만 원씩 300년 동안 저금해야 할 돈이다. 상상이 가는가? 암웨이 쇼핑몰을 통해 필요한 물건을 구입하고 구전으로 회원 네트워크를 만들었는데, 그것이 자산이 되어서 나에게 인세와 같은 수입을 꾸준히 가져다준다니 정말 좋지 않은가.

물론 암웨이 회원이라고 해서 모두 이렇게 캐시백을 받을 수 있는 것은 아니다. 네트워크를 만드는 방법과 노하우를 알아야 받을 수 있다. 그 방법을 모르면 주변 사람들을 귀찮게 하거나 몇 사람에게 구입을 권유하다가 말 것이다. 그러면 암웨이 쇼핑몰을 통해 인세와 같은 수입은 얻을 수 없다.

그렇다면 몇 명한테 알리는 것이 가장 적합할까? 6명이다. 나처럼 제품을 바꿔 쓸 줄 알고, 써보고 좋으면 좋다고 얘기해줄 수 있는 주위 친구 6명이면 된다. 그들이 나처럼 그 주위 사람들 몇몇에게 구전하고 또 구전하면 애용자 네트워크 자산이 만들어지는 것이다. 이는 필자의 경험상 100% 자신 있게 말할 수 있다.

물론 정보를 정확히 전달하지 않고 제품을 여러 사람에게 팔아서 매출을 발생시킨 것이라면 인세 수입이 아닌 일시적인 판매 수입에 머물 것이다. 그러나 소비자가 자신에게 유리한 쇼핑 방법이 암웨이 쇼핑몰임을 깨닫고 스스로 암웨이 쇼핑몰 애용자가 된다면 1회성이 아닌 지속적인 단골이 되어 반복구매할 것이므로, 이는 인세 수입으로 연결될 가능성이 높다.

이처럼 일정한 노력의 대가가 지속적인 수입으로 연결되어 발생하는 수입을 인세 수입이라고 한다. 이러한 인세 수입은 유명한 가수나 베스트셀러 작가, 금융 자산가 등이 얻는 수입과 성격이 같은 것으로 매우 차원 높은 수입이다.


## 6-4-2 플랜의 요약

위의 보상 단계를 종합해서 요약하면 옆 페이지의 표와 같다.

## ◼◼ 기하급수적인 성장 6-4-2 플랜 (PV:BV=1:1로 가정한 경우)

| 1단계 | 2단계 | 3단계 | 4단계 |
|---|---|---|---|
| 나 혼자 소비 | 내가 6명에게 구전 | 6명이 각각 4명에게 구전 | 4명이 각각 2명에게 구전 |
| 20만×3% | (140만×9%) − (20만×3%×6명) | (620만×15%) − (100만×6%×6그룹) | (1천580만×25%) − (260만×12%×6그룹) |
| 6천 원 | 9만 원 | 57만 원 | 144만 6천 원 |

## ◼◼ 기하급수적인 성장 6-4-2 플랜 (PV:BV=1:1.6로 가정한 경우)

| 1단계 | 2단계 | 3단계 | 4단계 |
|---|---|---|---|
| 나 혼자 소비 | 내가 6명에게 구전 | 6명이 각각 4명에게 구전 | 4명이 각각 2명에게 구전 |
| 20만×3% ×1.6 | (140만×9%) ×1.6 − (20만×3% ×6명) ×1.6 | (620만×15%)×1.6− (100만×6%×6그룹) ×1.6 | (1천580만×24%)×1.6− (260만×12%×6그룹) ×1.6 |
| 9천600원 | 14만 4천 원 | 91만 2천 원 | 307만 2천 원 |

## ◼◼ 기하급수적인 성장 6-4-2 플랜
### (PV:BV=1:1.6로 가정하고, BB 조건을 충족한 경우)

| 1단계 | 2단계 | 3단계 | 4단계 |
|---|---|---|---|
| 나 혼자 소비 | 내가 6명에게 구전 | 6명이 각각 4명에게 구전 | 4명이 각각 2명에게 구전 |
| 20만×3% ×1.6 | (140만×9%) ×1.6 −(20만×3%×6명) ×1.6 | (620만×15%)×1.6− (100만×6%×6그룹) ×1.6 | (1천580만×24%)×1.6 −(260만×12%×6그룹) ×1.6 |
| 9천600원 | 14만 4천 원 | 91만 2천 원 | 307만 2천 원 |
| BB 조건 충족 시 30% 추가 | | 27만 3천600원 | 231만 3천600원× 0.3)=69만 4천80원 |
| | | 118만 5천600원 | 376만 6천80원 |

암웨이 사업을 하는 이유는 일시적인 판매 수입을 벌기 위해서가 아니다. 인세와 같은 꾸준한 수입을 얻기 위해서 하는 것이다. 인세 수입을 받으려면 애용자 네트워크를 잘 구축해야 하고, 그러려면 정보 전달을 잘할 수 있어야 한다.

암웨이는 겉으로는 파는 것처럼 보이지만 사실은 정보를 정확히 전달하고 가르치는 교육 사업의 성격이 강하다. 파트너들이 '나'를 복제해서 가르치면 네트워크가 눈덩이처럼 커진다. 그래서 암웨이는 인내심을 가지고 꾸준히 회원들을 만나 가르칠 줄 아는 사람들이 성공한다.

# 성취 등급과
# 성공의 단계

애용자 네트워크를 구축하다 보면 자신을 중심으로 소비의 합이 1천만PV(1천600만BV) 이상인 네트워크가 만들어지는 때가 온다. 그런 사람을 SP(Silver Producer)라고 하며, 월 250만 원 내외의 보너스를 받는다. 물론 이는 네트워크의 모양에 따라 다를 수 있다. 1년에 6개월 정도 1천만PV 네트워크를 만들면 PT(플래티넘)가 되고 월 250만~350만 원 정도의 보너스를 받는다. 기존에 하던 일을 계속 하면서 부업으로 말이다.

단지 제품 구입처를 슈퍼에서 암웨이로 바꾸고 사용해본 제품에 대해 구전하면 그 노력을 인정받아 몇십만 원에서 몇백만 원의 보너스를 받을 수 있다면 안 할 이유가 없지 않을까? 월 250만 원 정도의 수입이 꾸준히 매달 들어올 수 있다면 부부의 노후 문제는 해결될 것이다.

또 1년 12개월을 1천만PV 이상 유지하는 안정된 네트워크를 구축하면 F.PT(파운더스 PT)가 되며 수입이 월 400만~500만 원 정도 된다. 애용자 네트워크가 이처럼 점점 커지면 수입도 그에 비례해 점점 커진다.

PT가 되면 월 250만~350만 원 내외의 캐시백을 받는 사업 자가 되는데, 이 정도가 되면 네트워크가 안정되어 인세와 같은 수입이 발생하고 노후 문제가 어느 정도 해결된다. 게다가 PT 이상은 캐시백을 자녀에게 상속할 수 있다. 그리고 좀 더 노력 해서 두 그룹을 PT 이상 되도록 성공시키면 사파이어가 되고, 더 노력해서 세 그룹을 성공시키면 에메랄드, 여섯 그룹을 성공 시키면 다이아몬드가 된다. 수입은 앞의 도표에서처럼 받게 되 고, 아울러 여행 보너스도 주어진다. 다이아몬드가 되어 연 1억 ~2억 원을 보너스로 받고 부부 동반 해외여행을 1년에 3~4회 정도 비즈니스 클래스로 다닌다면 꽤 괜찮은 노후이지 않은가. 그래서 암웨이 사업을 하는 분들은 에메랄드 이상인 다이아몬 드를 꿈꾼다. 물론 그 이상의 단계도 있고 성공에 제한이 없지 만 말이다. 실제로 우리나라에도 다이아몬드 이상이 수백 조(부

| 1차 보너스 | |
|---|---|
| 20만PV~ | 3% |
| 60만PV~ | 6% |
| 120만PV~ | 9% |
| 240만PV~ | 12% |
| 400만PV~ | 15% |
| 680만PV~ | 18% |
| 1,000만PV~ | 21% |
| 추가 보너스 | |
| 퍼포먼스 플러스 | 2% |
| 퍼포먼스 엘리트 | 3% |
| 루비 | 5% |
| 2차 보너스 여행 보너스 등 약 14% | |
| 35% | |

나로 인한 소비의 합이 1,000만PV(1,600만BV) 이상

SP(Silver producer), 1회

GP(Gold producer), 3회

● 정식 사업가 인정
● 2박 3일 세미나 참석 (워커힐 호텔)
● 상속의 자격
● 해외여행의 기회

PT(Platinum), 6회

F.PT(F.Platinum), 12회

부 단위를 '조'로 표현)가 있고 매년 그 수가 늘어나고 있다.

## 남을 도와야 성공하는 사업

에메랄드가 되려면 한 회계연도 내에 6개월 이상 1천만PV

이상의 독립된 그룹 3계열을 직접, 대리 또는 국제적으로 후원하면 된다. 즉 3명의 친구를 도와 그들이 PT 정도의 안정적인 수입자가 되도록 도와주면 에메랄드 자격을 성취한다. 독립된 그룹 6계열을 후원하면 다이아몬드가 되고, 그 이상의 네트워크를 구축하면 수석다이아몬드에서 파운더스 크라운 앰버서더

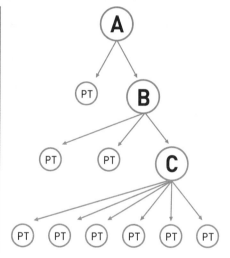

**★ 암웨이 성공 단계 2**

| 1차 보너스 | |
| --- | --- |
| 20만PV~ | 3% |
| 60만PV~ | 6% |
| 120만PV~ | 9% |
| 240만PV~ | 12% |
| 400만PV~ | 15% |
| 680만PV~ | 18% |
| 1,000만PV~ | 21% |
| 추가 보너스 | |
| 퍼포먼스 플러스 | 2% |
| 퍼포먼스 엘리트 | 3% |
| 루비 | 5% |
| 2차 보너스 여행 보너스 등 약 14% | |
| 35% | |

(A) **사파이어** : 2그룹 독립, 연 4천만~6천만 원 + 1회 해외여행

(B) **에메랄드** : 3그룹 독립, 연 6천만~1억 원 + 1회 해외여행

(C) **다이아몬드** : 6그룹 독립, 연 1억~2억 원 + 3~4회 해외여행

(FCA) 핀을 성취할 수 있다.

● 해외여행 보너스

점수에 따라 해외여행 보너스도 주어지는데, F.PT가 되고 일정 점수 이상이 되면 해외여행 1회, 다이아몬드부터는 연 2~3회의 해외여행 기회가 주어진다. 해외여행 혜택은 부부 동반이 원칙이지만 회계연도에 따라 가족 동반 여행도 가능하며, 회당 보통 4박 6일 기간으로 최고 수준의 여행을 할 수 있다. 에메랄드 이하는 이코노미 클래스, 다이아몬드는 비즈니스 클래스, 수석다이아몬드 이상은 퍼스트 클래스로 매년 해외여행을 할 수 있는 자격이 주어진다.

애용자 네트워크가 많아져 안정적인 다이아몬드 이상이 되면 연 1억~2억 원의 인세 수입과 여행 혜택을 받을 수 있어 삶의 품격이 달라진다. 그래서 이 사업을 하는 분들은 다이아몬드를 목표로 하는 경우가 많다.

**:: 여행 보너스**

| 핀 | 여행 횟수 | 여행 특전 |
|---|---|---|
| F.PT 이상~에메랄드 | 해외여행 1회 | 이코노미 클래스 |
| 다이아몬드 이상 | 해외여행 2~3회 | 비즈니스 클래스 |
| 수석다이아몬드 이상 | 해외여행 2~3회 이상 | 퍼스트 클래스 |

물론 누구나 성공하는 것은 아니지만, 정보를 전달하는 방법을 제대로 숙지하고 시스템 내에서 사업을 열정적으로 하면 3~10년 정도면 다이아몬드가 될 수 있다. 보통은 파트타임으로 이 사업을 진행하고 있다는 것을 감안하면 많은 보상과 대우를 받을 수 있는 플랜이다. 게다가 일정 핀 이상 성공을 하면 시간과 재정으로부터 자유를 누릴 수 있다.

인세와 같은 수입, 상속, 여행 보너스, 좋은 친구들, 자기계발 등 암웨이 사업을 통해 얻을 수 있는 혜택은 참으로 많다.

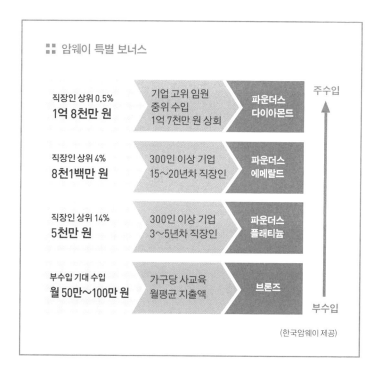

(한국암웨이 제공)

다이아몬드 이상이 되면 인생이 훨씬 풍요로워지고, 적어도 먹고사는 문제는 걱정하지 않을 수 있다.

● 그 외의 특별 보너스

GIP(Growth Incentive Program)는 암웨이 마케팅 플랜에 명시된 각종 장려금과는 별도로 매년 국가별로 PT 이상에게 노고를 보상하고자 마련하는 특별 보상 프로그램으로, 전년 회계연도 총 매출액의 일정 비율 예산으로 별도 시행하는 특별 장려금이다.

FAA(Founders Achievement Award) 성장 인센티브는 다이아몬드 이상의 실적을 거두고 암웨이의 윤리 강령 및 행동 지침을 엄격히 준수하고 윤리적이고 공정한 사업을 펼친 회원을 위해 암웨이 창업자인 리치 디보스와 제이 밴 앤델의 명의로 주는 특별 보상금이다.

# 암웨이 사업의
# 특징과 혜택

필자가 암웨이 사업을 하면서 직접 겪은 특징을 정리하면 다음과 같다.

- 일반 사업은 자본이 최소 몇백만 원에서 몇억 원이 필요하지만 암웨이 사업은 회원가입비 몇만 원이면 시작할 수 있다. 한국암웨이는 회원가입비조차 없다.
- 일반 사업은 점포나 사무실이 있어야 할 수 있다. 점포나 사무실은 길목이나 입지 조건에 따라 많은 월세나 임대료를 내야 한다. 그러나 암웨이는 쇼핑몰 운영비 명목으로

한 푼도 받지 않으므로 사무실 임대료가 필요 없다. 서버비, 통신비, 매출 수수료 등 운영비 부담 역시 전혀 없다.

- 일반 사업은 직원을 채용해야 하지만, 암웨이 사업은 본사가 모든 것을 대행해주기 때문에 직원을 고용할 필요가 없다. 따라서 인건비가 발생하지 않는다.

- 일반 사업은 풀타임으로 일해도 성공할까 말까 하지만, 암웨이 사업은 파트타임으로도 얼마든지 성공할 수 있다. 또한 스스로 시간을 조정할 수 있으므로 출퇴근 부담이 없으며, 자녀 양육의 문제로부터 좀 더 자유롭다.

- 암웨이 사업은 폭과 깊이의 제한이 없다. 먼저 시작했다고 해서 수입이 많은 것도 아니므로 누구든지 노력 여하에 따라서 수입을 무한대로 올릴 수 있다. 세계 제1의 암웨이 사업자는 일본인 나카지마 가오루다. 그는 고졸에 악기점 점원으로 일하면서 작곡을 하다가 1982년에 암웨이 사업을 시작해서 다이아몬드 이상 250조를 배출했다(나카지마 가오루의 후원 성공 맵은 180~181쪽 참조). 그룹 매출도 연 1조 원에 육박하며, 연간 수입도 수십억 원에 이른다.

- 암웨이 사업은 생필품을 판매하기에 지속적으로 인세 같은 수입이 발생한다.

- 직업에 대한 불안정성이 점점 증가하는 요즘, 많은 직장인

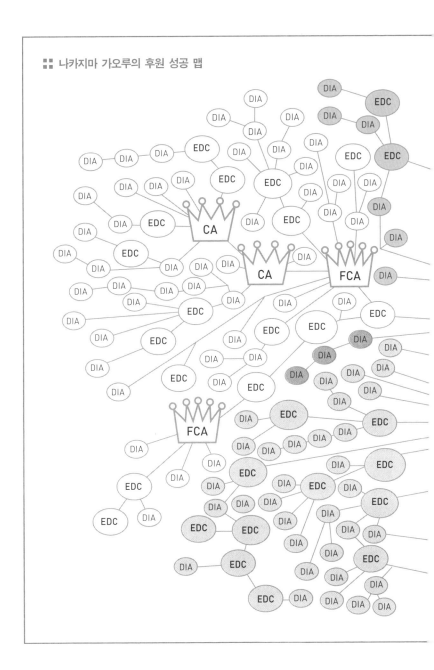

나카지마 가오루의 후원 성공 맵

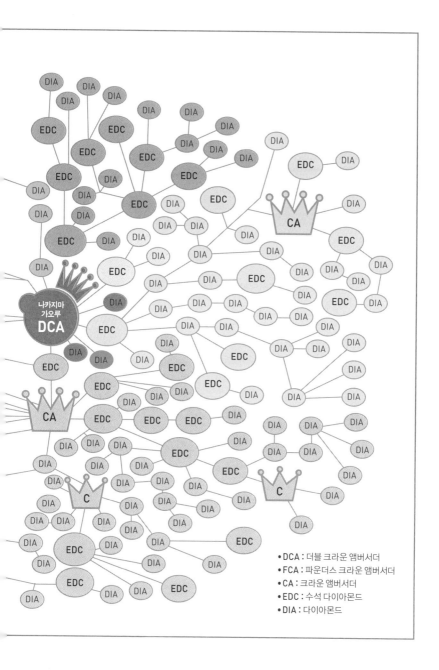

- DCA : 더블 크라운 앰버서더
- FCA : 파운더스 크라운 앰버서더
- CA : 크라운 앰버서더
- EDC : 수석 다이아몬드
- DIA : 다이아몬드

이 부업으로 눈을 돌리고 안정적인 수입원을 찾고 있다. 그 대안으로 암웨이 사업에 관심을 가질 가능성이 높으므로 사업 전망 또한 밝은 편이다.

● 여타 사업과는 달리 자신의 노력으로 구축된 네트워크는 자산이므로 2세를 비롯한 상속자에게 고스란히 상속할 수 있다. 자신이 다이아몬드면 2세들은 다이아몬드부터 사업을 전개해가면 된다. 실제로 한국에서 암웨이가 시작된 지 30여 년이 되어가는 지금, 2세 사업자들이 많이 활약하고 있다. 당연히 필자의 자녀들도 2세 사업자로 활동하고 있다.

● 암웨이는 전 세계 100여 개 지역 및 국가에 진출해 있으므로 회원들의 인맥을 통해 쉽게 국제 사업을 할 수 있다. 에메랄드 정도만 되어도 네트워크가 자신도 모르게 해외로 뻗어 있는 경우도 종종 있다. 초연결 시대가 본격화되면 국제 사업의 기회가 훨씬 늘어날 것이다. 자신이 후원한 그룹 내에서 누군가의 친인척이나 친구가 외국에 나가살 경우 자연스럽게 전달되어 그곳에서도 사업이 커질 가능성이 높다. SNS의 발달로 비즈니스 미팅도 온라인을 통해 시공간을 초월해서 진행할 수 있어 국제 사업도 훨씬 수월해졌다. 그렇게 되면 외국으로부터 달러 수입이 들어

|  | 일반 사업 | 암웨이 사업 |
|---|---|---|
| 자본 투자 | 대규모 자본 투자 | 무자본 사업 |
| 점포 임대 | 점포 임대료 부담 큼 | 점포 불필요 |
| 직원 고용 | 인건비 발생 | 직원 불필요 |
| 시간 제약 | 여가 시간 부족 | 정기적 출퇴근 없음 |
| 리스크 | 안 될 경우 리스크 큼 | 없음 |
| 국제 사업 기회 | 없음 | 기회 있음 |
| 수입의 안정성 | 예측 안 됨 | 인세성 수입 |
| 상속 여부 | 거의 불가능 | 자식에게 상속 가능 |
| 자기계발 기회 | 없음 | 다양한 학습 기회 |

와 국제적인 후원 제도를 활용해 국제적인 사업을 쉽게 전개할 수도 있다.

● 애용자 네트워크는 네트워크를 만든 사람의 것이다. 이러한 최첨단 유통 방식을 활용해 큰 사업의 기회를 찾는 것은 꿈이 있는 사람들의 몫이다. 젊고 야망이 있는 사람은 한국 시장만 보지 말고 국제적으로 사업을 펼칠 수 있다.

# 제7장

# 유통 회사인가?
# 제조 회사인가?

마케팅의 거장 코틀러 박사는 "위대한 기업은 상품을 판매하지 않는다"라고 했다. 요즘 잘나가는 우버나 에어비앤비 등 회원 네트워크가 일정 수준 이상인 회사들은 애용자 스스로 자생적인 네트워크를 만들 수 있도록 장려하는 정책을 통해 네트워크를 지속적으로 확장해가고 있다. 암웨이도 650여 가지 생필품을 직간접적으로 제조하지만 제품을 총판이나 도매점, 할인점 등에서는 팔지 않는다. 암웨이 회원이면서 암웨이 제품을 애용하는 회원들의 온오프라인상 구전을 통해서만 판매한다. 그러나 암웨이의 판매 방식을 모방하는 회사들은 제품을 직접 제조하지 않고 유통만 하는 경우가 대부분이다.

주변의 이해 부족으로 인해
서러움이 느껴져도
절대 포기하지 말고 꿋꿋하게 나아가세요.
그렇게 사업을 유지하고 성실히 하다 보면
작은 것부터 하나하나 이룸이 있을 것입니다.
비가 온 뒤에 땅이 더 굳는 것처럼
더 나은 성공의 계기가 될 수 있음을
확신합니다.

**조성봉&성영주**
암웨이 FCA 성공자 인터뷰 중에서

# 글로벌 암웨이의
# 시작

세계 1위 직접판매 기업인 암웨이는 1959년 미국에서 두 명의 젊은 기업가에 의해 시작되었다. 리치 디보스와 제이 밴 엔델로, 둘의 우정은 리치가 제이에게 "학교에 태워다주면 일주일에 25센트를 내겠다"는 사업 제안을 하면서 시작되었다. 고등학교 졸업 후 군 복무를 마친 두 사람은 함께 사업 계획을 세웠고, 그 결실로 오늘날의 암웨이를 만들었다.

리치와 제이는 1940년대의 올버린 항공서비스 시절에도 파트너였으며, 서부 미시건 지역 최초의 드라이브인 레스토랑을 함께 운영했고, 보트를 구입해서 남미로 항해 모험을 다녀오기도 했다. 1949년에는 '자-리 코퍼레이션(Ja-Ri corporation)'을 설립해 퍼스널 셀링이라는 독특한 판매 방식으로 뉴트리라이트 제품을 공급했으며, 이 경험을 토대로 1959년에 '자유, 가족, 희망, 보상'을 기업 이념으로 한 암웨이 코퍼레이션을 창립했다.

이들의 꿈에 날개를 달아준 첫 번째 제품은 세계 최초로 생분해되는 친환경 농축 액체세정제(L.O.C.)였다. 이후 암웨이는 가정용 제품은 물론 건강기능식품, 화장품, 정수기, 공기청정기, 주방 기기 등 450개 제품을 직접 생산하며 글로벌 리더 기업으로 성장했다.

1962년에는 캐나다에 첫 해외지사가 만들어졌고, 1970년대에는 뉴트리라이트를 인수하고 미국 연방거래위원회로부터 합법 판결을 받으면서 해외지사가 8개국으로 확장되었다. 1980년대에는 화장품 공장과 정수기 라인이 신설되었고, 해외지사가 20여 개국으로 확장되었다. 1990년대에는 창업자 2세들이 경영을 전담하고 중국과 아프리카 등 33여 개국에 진출했다. 1990년대 말에는 인터넷 쇼핑몰인 암웨이닷컴(amway.com)을 선보이면서 오프라인상의 다단계판매 방식이 아닌 온라인상의 네트워크마케팅 방식으로 전환했다.

이러한 성장에 힘입어 암웨이는 D&B사(Dun&Bradstreet, 무디스의 모회사)로부터 십수 년 이상 5A1의 최고 신용등급을 받을 만큼 초우량 기업이 되었다. 5A1은 60단계 중 1단계 등급으로 제너럴일렉트릭, 코카콜라, 월마트, 마이크로소프트 등 소수의 초일류 회사들이 받는 최고의 신용등급이다.

암웨이 본사는 미국 미시건주 에이다에 위치하고 있으며, 100만 평방피트(약 9만 2천900m²)에 달하는 지역에 펼쳐져 있다. '모든 사람에게 보다 윤택한 삶의 기회를 제공한다'는 글로벌 비전에 따라 암웨이는 건강, 교육, 환경, 예술, 문화 등에 초점을 맞춰 전 세계의 사업자들을 적극적으로 지원하고 있다.

# 글로벌 암웨이의 비전과
# 창업 이념

창업자 중 한 사람인 리치 디보스는 암웨이의 근본 원리를
다음과 같이 말했다.

"우리의 사업을 우리가 소유하고 경영하며, 우리가 행한 업
적만큼 보상받는 것은 당연한 일입니다. 이러한 자유기업의 원
리야말로 암웨이가 창업된 기본 원리입니다."

이 원리에 따라 암웨이 사업을 하는 것은 자신의 기업을 운
영하는 것과 같으며, 노력한 만큼 틀림없는 보상이 주어지기 때

문에 사업자들은 최선을 다하게 된다. 이것이 암웨이가 글로벌 기업으로 성장한 원동력이다.

암웨이의 기업 비전은 자기 사업을 통해 성공을 꿈꾸는 모든 사람에게 '세계에서 가장 훌륭한 사업 기회를 제공'하는 것이다. 실제로 암웨이는 인종, 종교, 지위 고하를 따지지 않고 누구든지 회원가입을 할 수 있도록 하고, 회원들에게 제품을 30% 할인된 가격으로 공급한다. 또 원하면 언제든지 사업을 시작할 수 있는 시스템을 갖추고 있다. 특히 한국암웨이는 회원가입비가 없어 언제든 부담 없이 시작할 수 있다. 얼마 이상 구매해야 하는 규정도 없다. 자본금 없이 시작하므로 패가망신할 염려도 거의 없다.

암웨이의 창업자인 리치 디보스와 제이 밴 앤델은 '자유, 가족, 희망, 보상'이 모든 사업의 기초가 된다고 믿었고, 그 믿음은 창업 이념이 되어 오늘날까지 이어지고 있다. 창업 이념을 바탕으로 많은 사람이 보다 나은 삶을 살아가도록 도와주는 것이 암웨이 사업의 비전이다.

★ 글로벌 암웨이의 창업 이념

"모든 사람에게 보다 윤택한 삶의 기회를 제공한다."
Helping People Live Better Lives.

암웨이의 비전과 가치는 창업 이념을 근간으로 한다. 창업 이념은 공동창업자인 리치 디보스와 제이 밴 앤델이 암웨이를 시작하게 된 동기로, 시간이 지나도 변치 않는 암웨이의 원칙이다.

| 자유<br>Freedom | 가족<br>Family | 희망<br>Hope | 보상<br>Reward |

### ● 자유

개인의 경제생활은 경제 여건과 밀접한 관련이 있다. 암웨이를 통해 자기 사업을 함으로써 삶을 변화시킬 수 있다.

### ● 가족

사람은 누구나 서로 의지할 수 있는 가족을 필요로 한다. 가족과 함께 암웨이 사업에 참여함으로써 서로 존중하고 응원해주는 든든한 버팀목을 얻을 수 있다.

### ● 희망

암웨이는 더 큰 꿈을 가질 수 있게 한다. 여러분이 희망을 가지고 꿈을 이룰 수 있는 환경을 만들어준다.

### ● 보상

행복의 중요한 요소 중 하나는 성공이다. 암웨이는 본인의 성공뿐만 아니라 다른 사람들의 성공을 돕는 모든 활동의 결과에 대해 충분한 보상을 제공한다.

# 직접 경험한
# 암웨이 사업의 가치

    필자가 암웨이 사업을 시작한 지도 어느덧 20여 년이 되었다. 결코 짧지 않은 세월이다. 물론 다른 사업들도 병행하고 있지만, 암웨이 사업은 우리 가정의 버팀목이 되어주고 있다. 암웨이의 발전 과정 및 한국암웨이의 현황, 암웨이 제품들을 자세히 살펴보기 전에 필자가 경험한 암웨이 사업의 가치에 대해 솔직히 서술한다.

## 자유

원래 사람마다 느끼는 가치는 다르지만, 일단 무언가에 가치를 느끼면 집중하고 몰입하게 된다. 내가 암웨이 사업을 열정적으로 해온 이유를 되돌아보면 '자유'가 가장 컸던 것 같다.

학교 친구를 통해서 암웨이를 처음 접했던 때가 삼성경제연구소 수석연구원으로 재직하고 있을 때였다. 그 당시는 '삼성신경영운동'이라 해서 근무 시간이 9 to 6가 아니라 8 to 5, 즉 출근 시간이 한 시간 이상 앞당겨지고 퇴근 시간도 한 시간 빨라진 시절이었다. 아침잠이 많았던 필자는 평소보다 일찍 일어나는 게 너무 힘들었다. 그러다 보니 일은 재미있었지만 내가 언제까지 이런 월급쟁이 삶을 살아야 하는가 하는 회의가 들었는데, 마침 암웨이 플랜을 듣게 된 것이다. '암웨이 플랜대로 3~5년 정도 열심히 하면 다이아몬드 이상이 되어 월 1천만 원 이상의 인세 수입이 매달 들어올 것이고, 그러면 적어도 먹고사는 걱정없이 내가 하고 싶은 일을 하고 책을 마음껏 읽으면서 자유롭게 살 수 있을 텐데' 라는 생각이 들면서 열정적으로 변했던 것 같다.

사람마다 꿈꾸는 자유는 다를 것인데, 암웨이를 하면서 필자가 얻은 자유는 4가지다.

● 시간의 자유

암웨이는 출퇴근 시간이 없으므로 그동안 하던 일을 병행하면서 사업에 쓸 시간을 내 마음대로 조정할 수 있다. 직장이나 사업장에 매여 있지 않기에 아이나 노부모를 돌보면서 파트타임으로 사업을 진행할 수 있다. 필자의 경우 작년에 노모가 병약해서 3~4개월 동안 움직이지 못했을 때 내 스케줄을 조정해서 밤낮으로 병간호를 했다. 이런 것이 가능했던 이유가 암웨이 사업을 하기 때문이었다. 마찬가지로 주부들도 얼마든지 가족을 돌보면서 자투리 시간에 암웨이 사업을 배울 수 있다. 가장 많은 암웨이 성공자가 주부라는 사실을 기억하라.

● 재정의 자유

2~5년 동안 시스템대로 하면 F.PT 이상의 인세 수입(연 4천만 원 이상)을 누릴 수 있다. 물론 노력 여하에 따라 그 이상의 핀도 가능하다. 필자는 사업을 시작한 지 약 3년 6개월 만에 다이아몬드 핀을 성취했다. 그래서 그후부터는 직장에 매인 삶을 살지 않게 되었다.

● 배움의 자유

인생에서 정말 중요한 지혜(돈, 인간관계, 건강, 미용, 자녀 교육,

코칭)를 암웨이 미팅에서 배울 수 있었다. 대기업에 다니지 않아도 늘 배울 수 있는 크고 작은 미팅이 있고, 암웨이 미팅에 참석하는 사람들은 직업과 커리어가 다양해 각자 분야에서 습득하고 배운 노하우를 아낌없이 나누고 공유한다. 사회에서 무언가를 배우려면 돈을 지불해야 하는데 서로 재능을 무상으로 기부하기 때문에 암웨이 모임에서는 이 모든 것을 공짜로 배울 수 있는 것이다.

특히 암웨이 사업은 누군가를 도와야 성공할 수 있는데, 뭐든지 알아야 누군가를 도울 수 있다. 알지 못하면 도울 수 없다. 알기 위해서는 끊임없이 자기 자신을 채찍질하며 지속적으로 배워야 한다. 또 누군가를 후원(누군가에게 암웨이를 소개하고 사업을 잘할 수 있도록 돕는 일체의 행위)한다는 것은 자신을 낮추고 비우는 일이다. 이렇게 배우고 돕고 후원하다 보면 나 중심의 삶(I-Win)에서 타인 배려의 삶(You-Win)을 살게 되어 내면적으로 성장하게 된다.


● 정신적인 자유

암웨이 사업을 하면 나에게 지시하고 명령하는 사람이 없다. 직장에서는 상사나 조직의 장이 인사고과를 하고 업무를 지시하거나 명령하지만, 암웨이에서는 내가 사장이고 내가 직원이

**자아실현의 욕구**
암웨이를 하면 시간적·재정적으로 자유로워지면서
자아실현의 욕구도 채워진다.

**존경의 욕구**

**애정과 소속의 욕구**

**안전의 욕구**

**생리적 욕구**

라 내가 주도적으로 알아서 하면 된다. 즉 나다움을 찾아갈 수 있기에 자아실현의 욕구를 충족시킬 수 있다. 먹고사는 문제가 해결되지 않으면 자아실현의 욕구는 그림의 떡이다.

## 가족

암웨이는 창업자들의 두 가족이 함께 노력해서 오늘날에 이르렀기에 가족사업이 전통 문화로 배어 있다. 암웨이는 가족을

존중하고 지지한다. 암웨이 제품은 온 가족이 사용하는 제품이
고, 그 소비가 모여 암웨이 매출로 연결된다. 암웨이 사업은 집
에서 많이 이루어지기에 집을 개방하고, 서로 나누기에 사업 파
트너들과 가족처럼 지낸다. 어쩌면 친인척보다 더 가깝게 지낸
다. 그러다 보니 다음과 같은 장점을 누릴 수 있었다.

● 배우자와의 유대감 강화

암웨이를 통해 가족이 잘살 수 있다는 희망을 품게 되고 부
부가 사업을 같이 진행하면서 꿈과 목표를 공유하게 되니 배우
자와 긍정적으로 소통하게 되었다. 각자 직장을 다니거나 다른
사업을 하게 되면 서로의 관심사가 다르기에 부부가 꿈과 목표
를 공유할 수 없지만, 암웨이는 공동의 꿈과 목표를 향해 노력
하기에 부부가 지속적으로 의사소통을 하게 되어 관계가 좋아
질 수밖에 없다.

배우자와의 불화의 원인 중 상당 부분이 금전 문제인데, 암웨
이 사업을 통해 잘살 수 있다는 희망이 생겨서 불화가 적어지는
이점도 있다.

● 가족여행의 기회 증가

암웨이를 통해 일정 수준 이상의 핀을 성취하면 회사에서

사람들이 선망하는 가족여행을 보내준다. 다이아몬드 이상은 매년 2~3차례 부부 동반이나 가족 동반으로 해외여행의 기회가 주어지는데, 이런 여행을 통해 가족 간에 친밀감과 유대감이 깊어졌다. 온 가족이 같은 추억을 갖는 것만큼 행복 지수를 배가시키는 일은 없다. 살다 보면 매해 여름휴가를 가기도 쉽지 않은데, 암웨이 보상을 통해 전 세계로 여행할 수 있다니 상상만 해도 즐겁지 않은가. 사업 파트너들과 그들의 가족과 여행을 함께할 수 있다는 점도 너무 좋다.

● 자녀 교육의 문제 해결

자녀들에게 가장 좋은 교육은 부모의 삶을 통해 배우는 산 교육이다. 꿈을 이루려고 노력하는 부모의 모습을 통해 자녀들에게 삶의 올바른 방향을 제시해줄 수 있고, 그런 부모의 영향을 받아 아이들은 꿈을 갖게 된다. 그 꿈에 대한 금전적인 지원은 암웨이 보상을 통해 해줄 수 있다.

한국에 암웨이가 들어온 지 30여 년 되어간다. 이제는 암웨이 2세 사업자들도 가세해 사업을 이어나가고 있다. 필자의 아이들 셋도 암웨이를 통해 인생 공부를 하고 있다. 암웨이는 대를 이어 사업을 할 수 있기에 자녀에게 사업 노하우를 물려줄 수 있고, 자녀들은 어떤 직장에 취직해야 한다거나 어떤 직업을 가져야 한다는 강박관념으로부터 자유롭다. 자녀에게 공부 열심히 해서 좋은 대학에 들어가 성공한 인생을 살라고 하는 부모들과는 다른 모습으로 아이들을 대하고 키울 수 있어 좋다.


## 희망

사람은 꿈을 먹고 희망을 먹고 산다. 희망이 없으면 살면서 재미도 의욕도 느끼지 못한다. 희망이 없으면 절망하게 되고, 절망하면 자살로 삶을 마감할 수도 있다. 우리나라의 청소년이나 노인의 자살률이 OECD 국가 중 1위인 것은 희망이 없는 삶과 무관하지 않다. 돈 없고 물려받은 재산 없고 가방 끈이 짧으면 잘살 수 있는 길이 거의 없는데, 돈 있고 물려받은 재산 좀 있고 가방 끈이 길어도 살기 만만치 않은 나라가 우리나라다. 우리가 처한 상황이 그렇더라도 암웨이는 남녀노소, 인종, 빈부의 차별 없이 누구에게나 사업할 수 있는 기회를 준다. 암웨이는 모든 사람에게 희망을 주고 가능성을 열어두기에 그 사업 기회를 알아챈 사람들은 꿈이 살아나고 희망이 생기고 활기가 넘치게 된다.

희망이란 내 인생이 잘될 수 있을 거라고 예측할 수 있을 때

생긴다. 2~5년 동안 꾸준히 시스템 안에서 사업을 하다 보면 누구나 월 200만 원 이상의 인세 수입을 얻을 수 있다. 어떤 일이 2~5년 만에 인세와 같은 수입을 주겠는가.

돈이 아무리 많아도 돈을 운용할 능력이 없으면 그 돈이 부메랑이 되어 절망감을 줄 수 있다. 그러나 암웨이는 투자되는 돈이 없기에 제로든 성장하든 둘 중 하나다. 다른 사업처럼 망하거나 성장하거나가 아니다. 암웨이는 망하거나 손해 볼 이유가 없어 안전하다. 사람들이 자산 수입을 기대하면서 부동산이나 주식이나 신규 사업을 찾아다니지만, 국가 부동산 정책이나 금융 정책에 따라 기복이 심해 리스크를 감수해야 한다. 그에 비하면 암웨이는 수입의 기복이 별로 없고 안정적이다. 연금같이 매달 입금되는 캐시백 때문에 마음이 편하다.

암웨이는 치약을 쓰는 사람, 샴푸를 쓰는 사람 등 소비자가 도처에 널려 있다. 그들이 오며가며 필요한 제품을 하나씩 주문하고, 애용자가 한 명, 한 명 추가되면서 실적이 늘어나고 네트워크가 조금씩 성장하면 나도 잘살 수 있다는 희망이 어느 순간 생긴다. 암웨이의 6-4-2 보상 플랜을 제대로 이해했다면 '2~5년 동안 꾸준히 사업을 하면 네트워크가 커지고 수입이 늘어날 수밖에 없다'는 말이 현실로 믿어질 것이다.

## 보상

　사람들은 행동에 대한 보상이 없으면 움직이지 않는다. 급여를 안 주는데 누가 직장을 다니겠는가? 물론 보상에는 여러 차원이 있다. 금전적인 보상뿐만 아니라 감정적인 보상 등 무형의 보상도 있을 수 있다. 암웨이는 회원들의 구전 노력과 헌신을 존중하며 회원 누구에게나 공평하게 3% 이상의 보상 요율을 적용해 캐시백해준다.

　또 암웨이는 품질이 우수한 제품을 판매하기에 내가 서비스하면서 남이 기뻐하는 모습을 바로 보니 즉석에서 보람을 느낄 수 있다. 치약을 쓰고 잇몸이 좋아지고, 세제를 쓰고 갈라졌던 피부가 회복되고, 비타민C를 먹으면서 감기에 걸리지 않게 되었다면서 "좋은 제품을 소개해줘 고맙다"는 소비자의 한마디가 보람을 주고 희망을 준다. 이런 즉각적인 만족도 보상이다.

　암웨이는 성공하는 사람들의 행동을 복제해가는 사업이므로 개인의 능력과 관계없이 시스템을 통해 성장할 수 있으며, 노력 여하에 따라 무한대의 보상이 가능하다. 보상 플랜은 해마다 책으로 인쇄되어 전 회원들에게 공개된다. 그 책에는 내가 얼마나 노력을 하면 얼마만큼의 보상을 해준다는 게 명확히 나와 있다. 회사에서 승진하려면 얼마나 노력해야 하는지 불분명한 경우가 많은데, 암웨이 보상은 그렇지 않다. 국제 사업도 가능하다. 필자는 20년 이상 암웨이 사업을 하면서 암웨이가 약속한 보상을 못 받은 적이 없고, 보너스 받는 날이 하루라도 늦춰진 적이 없다.

이렇게 보상은 금전적으로도 이루어지지만, 어느 정도 성취를 하면 직장에서 승진하는 것과는 또 다른 차원의 인정을 받는다. 예를 들어 해마다 시상식을 통해 무대에서 인정해주고 많은 사람이 축하해주고 함께 기뻐해준다.

또한 본인이 노력한 것에 대한 보상을 자식에게 상속할 수 있다는 점도 필자가 암웨이 사업을 열정적으로 꾸준히 할 수 있었던 이유이다. 내가 다이아몬드 자격의 네트워크를 구축했다면 자식도 그 자격을 물려받는다. 보상과 핀 모두를. 이는 일반 회사에서는 상상할 수 없는 일이다. 그러나 암웨이는 내 노력으로 확보한 애용자 네트워크에서 일어나는 수입은 그 회원들이 제품을 쓰는 한 기한의 제한 없이 보상을 해준다.

암웨이는 금전적인 보상과 인정 외에 F.PT 이상의 여행 점수를 획득하면 매년 부부 또는 가족 동반 해외 리더십 여행을 보내준다. 이러한 여행 보상도 그 자격을 유지하는 동안 계속해서 혜택을 주며, 자식이나 상속자에게도 동일한 보상을 해준다.

이러한 혜택이 주어지니 암웨이에서 성공한 사람들은 그들의 자녀에게 이 사업을 적극적으로 권하고 물려준다. 자녀의 입장에서 부모가 사는 모습이 좋아 보였다면 당연히 암웨이 사업을 물려받게 될 것이다.

여러분은 현재, 부모가 했던 일을 물려받아 하고 있는가? 아니면 부모가 했던 일과는 전혀 다른 일을 하는가? 대부분의 사람들은 직장이나 사업에서 어느 정도 성취를 해도 은퇴하거나 그만두면 다시 원점으로 돌아가고, 그 자녀들도 부모처럼 처음부터 시작해서 어느 정도 성취하고 나면 다시 원점으로 돌아가게 되니 쌓이는 것 없이 대대로 불안한 삶에서 헤어나지 못한다. 성공하려면 오래할 수 있는 일, 꾸준히 할 수 있는 일을 찾아 끈기 있게 해야 하지만, 그런 일을 찾기가 힘들다. 암웨이 사업은 그런 면에서 조건을 만족시킨다. 그래서 필자도 자식들에게 암웨이 사업을 가르쳐주고 있다.

# 암웨이의
# 발전 과정

미국에서 암웨이는 크게 3단계로 발전해왔다. 1950년대와 1960년대에는 1세대 방식인 방문판매 방식으로 영업을 했고, 1970년대부터 1990년대까지의 2세대는 다단계판매 방식으로, 2000년대 이후의 3단계는 네트워크마케팅으로 사업 방식이 발전되었다.

암웨이가 한국 시장에 진출한 1991년에는 세제 5개가 제품의 전부였다. 제품의 가짓수가 적어서 방문판매 형태로 진행할 수밖에 없었다. 물론 방문판매, 다단계판매는 법적으로 보호를 받지만, 사업을 전개하는 차원에서 많은 노력이 요구되었기에 회원을 확보하기가 쉽지 않았다. 또 주력 제품인 세제가 고농축이어서 한 번 구매하면 6개월에서 1년을 사용했고, 제품 단가도 6천~7천 원에 불과했다. 이러한 제품으로 1천만 점을 올리려면 무리하게 판매하거나 밀어내기 식으로 유통시킬 수밖에 없었다. 이후 1990년대 중반에서 2000년대 초반에는 매년 제품이 늘어나면서 방문판매 방식에 한계를 느껴 같이 판매할 회원을 후원하는 방식으로 사업을 전개했다.

암웨이 쇼핑몰이 들어온 1999년 하반기부터는 제품의 가짓수가 대폭 늘어나 자가 소비만으로도 꽤 높은 점수가 적립되었다. 한국의 경우 한 가구당 월평균 30만 원 정도의 소비가 이루어졌다. 2002년 이후에는 한국암웨이의 매출액이 1조 원을 훨씬 넘었으며, 국산 제품은 물론 10군데가 넘는 쇼핑몰과 제휴해 판매되는 제품의 가짓수가 급격히 증가했다.

이러한 사업 환경에서는 제품을 다른 사람에게 판매하지 않고 자가 소비만으로도 최소 보너스 지급 점수인 20만 점 이상을 올릴 수 있기 때문에 제품과 사업에 대한 정보를 정확히 전달할 수만 있으면 자신의 네트워크를 좀 더 쉽게 구축할 수 있었다. 이 즈음부터는 암웨이가 다단계판매 방식에서 네트워크 마케팅 방식으로 전환되기 시작했다.

물론 상황이 달라진 지금도 암웨이 사업을 예전의 방문판매나 다단계판매 방식으로 하는 사람들이 있어 부정적인 인식이 남아 있다. 이는 미국에서도 마찬가지다. 어느 곳이나 암웨이를 예전의 방식으로 진행하는 사람들이 있는데, 이런 방식으로는 사업을 성장시키는 데 한계가 있다.

한국의 경우에는 2000년 이후부터 교육 수준이 높은 중산층들이 대거 사업에 합류했으며, 생필품을 암웨이 쇼핑몰에서 스스로 구입해 쓰고 있다. 이는 여타 인터넷 쇼핑몰 이용 방식과 동일하다. 이에 따라 사업 방식도 제품을 팔거나 적극 유통시키는 다단계판매 방식에서 벗어나 인터넷으로 홈쇼핑하는 네트워크마케팅 방식으로 바뀌었고, 2020년부터는 모바일 쇼핑몰과 카카오, 인스타그램 등과 연계해 사업을 전개하는 SNS 마케팅 방식으로 발전하고 있다. 암웨이 쇼핑몰과 제품에 대한 사용 후기를 카카오나 인스타, 페이스북 등에 남겨서 링크를 타고 구전이 자동적으로 이루어지는 SNS 마케팅 단계에 와 있는 것이다.

## 1세대 : 방문판매

1959년에 미국에서 시작된 암웨이는 제한된 제품 수와 지극히 적은 사업자 수에도 불구하고 일일이 집을 방문하면서 판매하는 방식으로 첫해에 50만 달러의 매출액을 기록했고, 1960년대 말에는 매출액이 3억 달러에 이르렀다. 그러나 아는 사람에게 판매하는 방식은 매출 증대에 한계가 있었다.

## 2세대 : 다단계판매

1970년대에는 다단계판매라는 용어와 함께 2세대에 접어든다. 이는 우수한 사업자를 찾아 집중적으로 제품 교육과 훈련을 시켜서 실적을 올리도록 지원하는 방식이다. 제품의 유통도 상위 스폰서가 하위 사업자에게 전달해주는 형태를 띠었다. 그러나 제품 수가 제한되어 있어서 무조건 많이 팔아야만 생계가 유지되었으니, 사업자들은 대부분 전업 형태로 할 수밖에 없었다. 그래서 암웨이 1세대, 2세대는 사업자들 대부분이 뚜렷한 직업이 없는 블루칼라들이었다.

1980년대에 들어서면서 암웨이 매출액이 10억 달러를 넘어서고 다른 나라에도 암웨이 판매 방식이 소개되기 시작했다. 제품 수도 대폭 늘어나 약 450여 가지의 자체 생산 제품과 200가지의 위탁생산 제품이 유통되었고, 제품의 품질이 좋다는 인식이 확산되면서 회원 수가 급증했다. 이러한 영향으로 화이트 칼라나 중산층이 사업자로 대거 합류하기 시작했다.

특히 일본은 1979년에 암웨이 사업이 전개되기 시작해 지금은 많은 다이아몬드 이상의 성공자들을 배출하고 있다. 유통되는 제품 수도 이미 600가지가 넘었고, 다양한 부대 서비스도 제공되고 있다. 일본암웨이는 암웨이 전 세계 매출에서 상위를 다툴 정도로 활성화되어 있다.

1990년대에 들어서면서 미국암웨이는 자체 생산품 외에도 세계 유수 1천500여 회사의 1만여 가지 제품(아디다스, 샘소나이트, 필립스, 삼성전자 등 유명 제품)이 네트워크에 가세하면서 급성장했다. TV, 캠코더, 전자레인지 등 한국의 삼성전자 제품도 1990년대 초부터 판매망에 올려졌다.


## 3세대 : 네트워크마케팅

1999년 9월부터는 북미 지역을 시작으로 인터넷 쇼핑몰을 개설해 지금은 대형 쇼핑몰로 성장했다. 암웨이 쇼핑몰에서는 기존의 암웨이 제품과 1만여 가지 이상의 카탈로그 위탁 제품, 그리고 100여 개의 제휴 쇼핑몰 제품까지 취급하고 있어 종수를 따지면 100만 가지 이상의 제품이 유통되는 셈이다.

이렇게 되자 회원들은 안방에서 필요한 모든 제품을 가장 유리한 조건으로 살 수 있게 되었고, 사업에 필요한 후원 활동(사업 설명, 제품 소개, 사업 전개 방법 등)도 인터넷의 도움을 받아 손쉽게 전개할 수 있게 되었다.

우리나라의 암웨이 쇼핑몰(www.amway.co.kr)도 미국의 암웨이 쇼핑몰처럼 발전하고 있다. 물론 미국암웨이는 제휴 쇼핑몰이 100여 개에 달하지만, 한국은 제휴 쇼핑몰보다는 원포원(one-for-one) 정책(227~228쪽 참조)으로 한국에서 생산된 제품들을 지속적으로 편입, 확대하고 있다.

## 4세대 : SNS 마케팅

한국의 경우에는 인터넷 쇼핑몰 외에 모바일 쇼핑몰이 급속히 확대되면서 인스타그램, 카카오톡, 페이스북, 카카오스토리 등과 연계해 양질의 콘텐츠와 프로그램을 선보이고 있다. 다양한 제품 및 사업에 도움을 주는 동영상, 다양한 자료들을 통해 소비자나 회원들이 사업 방식을 익히고 제품을 주문할 수 있으며, 사업 활동을 쉽게 할 수 있는 플랫폼들도 구축되고 있다.

대표적인 것이 암웨이 쇼핑몰에 들어가지 않고도 카카오톡 (A-clicks)만으로 제품 주문이나 후원 활동이 가능해진 것이다.

한마디로, 오프라인에서 온라인 형태의 비즈니스 모델로 한발짝 발전하면서 사업할 수 있는 환경이 점점 더 좋아지고 있다.

# 꾸준히 성장하는
# 한국암웨이

1991년 5월에 출범한 한국암웨이는 충북 음성에 초현대식 물류센터를 설립해 제품을 유통하고 있으며, 전국적으로 16개 이상의 암웨이 비즈니스 센터와 브랜드 센터를 가지고 있다. 가까운 센터에서 브랜드 체험과 쇼핑, 다양한 교육 및 상담을 경험해볼 수 있다.

1990년대 초까지는 불법 피라미드 업체가 사회적 물의를 일으키는 바람에 한국암웨이도 그 영향으로 사업을 지속하기가 힘든 적이 있었다. 그러나 1995년 7월 다단계판매 방식이 방문판매법 등에 관한 법률로 법제화되고 제품의 품질이 좋다는 인식이 확산되면서 비약적으로 성장했다. 1997년 봄 암웨이와 국내 소비자단체 간의 분쟁에 이은 IMF 경제위기로 매출이 일시적으로 떨어졌지만, 1998년 상반기 원포원 전략(227~228쪽 참조)으로 한국 제품들이 유통되기 시작해 1999년 11월부터 한국암웨이 쇼핑몰이 오픈되면서 지속적으로 매출이 성장했다. 최근 매출액은 1조 2천억 원에 달한다.

친환경, 친자연, 친건강 생활용품 중심의 제품 포트폴리오도 많은 기여를 했다. 한국암웨이는 미국에서 450여 종의 상품을 들여와 판매하는데 대부분 소비자들이 반복구매할 수 있는 중저가 생활용품이다. 이 때문에 국내 소비자들의 일상에 깊숙이 파고들 수 있었다.

한국암웨이가 지속적으로 성장하게 된 또 다른 요인은 교육 수준이 높은 우수회원 확보와 이들의 학구적인 열의 때문이었다. 국내 전역에서 10만 명 내외의 핵심 사업가들이 암웨이 제품의 우수성을 익히고 본인이 직접 제품을 체험하면서 적극적으로 전파한 결과다. 특히 IMF 경제위기 이후에는 대기업 임직원, 전문직 종사자, 교육 수준이 높은 여성 인력들이 사업에 대거 가세했고, 2010년 이후 중산층 소비자들과 젊은 층이 합류하기 시작하면서 매출이 지속적으로 성장하고 있다.

- **설립 시기** : 1988년 국내 현지 법인 설립, 1991년 5월 국내 영업 시작
- **대표이사** : 배수정
- **자본금** : 약 326억 원
- **연간 매출액** : 재무제표상 1조 1천661억 원 (2018년 기준)
- **직원** : 약 400명
- **사업자 회원(ABO)** : 약 114만 명
- **주요 상품** : 세계 1위 건강기능식품 브랜드 '뉴트리라이트(NUTRILITE)', 코스메틱 브랜드 '아티스트리(ARTISTRY)'를 포함, 가정용 세제류, 가전용품 등 생활 관련 제품 1천여 종을 생산·판매 중이며, 국내 우수 기업 제품을 공동 기획 및 판매하는 원포원(One-for-One) 전략을 추진하고 있다.

## ★ 한국암웨이 브랜드 센터

한국암웨이 브랜드 센터는 암웨이의 다양한 브랜드(뉴트리라이트, 아티스트리, 암웨이홈, 암웨이 퀸 등)를 경험해볼 수 있는 열린 체험 공간으로 비즈니스와 휴식, 문화를 함께 즐길 수 있는 복합 문화 공간의 역할도 하고 있다. 경기도 분당에 위치해 있다.

## ★ 한국암웨이 비즈니스 센터

강남, 강서, 분당, 인천, 대전, 천안아산, 청주, 광주, 전주, 대구, 울산, 창원, 부산, 해운대, 강릉, 제주에 총 16개의 암웨이 비즈니스 센터가 있다. 이 센터들에서는 사업자 회원(ABO)과 소비자 회원들이 제품을 직접 쇼핑할 수 있고 기타 다양한 서비스를 제공받을 수 있다.

한국암웨이가 2011년 부산에 설립한 아시아 물류 허브센터는 전 세계에서 세 번째이자 아시아에서는 처음 설립된 물류 기지이다. 아시아 물류 허브센터는 미국 본사에서 제품을 들여와 조립, 라벨링, 재포장 및 배송 등의 작업 과정을 거쳐 일본과 중국, 홍콩, 대만 등지로 수출하고 있다. 이 센터는 명실공히 암웨이의 글로벌 3대 물류 중 하나로 충실히 기능하고, 사업 영역을 확장해 부산 지역의 고용과 경제 활성화에 큰 역할을 하고 있다.

## 한국암웨이 인터넷 쇼핑몰

무엇보다 오늘의 한국암웨이를 있게 한 제일 큰 원동력은 인터넷 쇼핑몰 개설에 있다. 1999년 11월에 오픈한 한국암웨이 인터넷 쇼핑몰은 회원 가입과 제품 주문이 온라인상에서 모두 이루어진다.

한국의 암웨이 쇼핑몰은 여타 국가와는 달리 회원가입비가 없으며, 철저한 회원제로 운영되고 있다. 사업자 회원(ABO)이면 누구나 회원가로 홈쇼핑을 할 수 있는데, 회원에 가입하려면 기존 회원의 추천이 있어야 한다. 이렇듯 인터넷 암웨이는 종래의 암웨이와는 크게 다른, 새로운 획을 긋는 사건이었다.

과거 암웨이가 구전을 통한 판매 네트워크에 초점을 맞춰왔다면, 인터넷 암웨이는 교육을 통한 소비 네트워크로 초점이 옮겨졌다. 과거에는 회원으로 가입하는 것도 제품을 사는 것도 불편하고 팔아야 하거나 배달해주어야 하는 등 방문판매나 다단계판매 방식으로 사업을 해야 했는데, 인터넷 쇼핑몰이 도입되면서 그럴 필요가 없어졌다. 이제는 회원가입을 즉석에서 할 수 있고, 홈쇼핑을 해보고 좋으면 주위에 알려서 인터넷 쇼핑몰을 통해 소비자 회원을 늘려갈 수 있는 네트워크마케팅 사업 방식으로 전환된 것이다. 이렇게 제품 구매와 회원가입이 쉬워지면서 회원 수가 1998년 16만 명 수준에서 최근 110만 명 이상으로 꾸준히 늘고 있다.

2002년부터는 모바일 쇼핑몰이 오픈되었다. 기존에 유선 인터넷을 통해 주문하던 회원들이 이제는 휴대폰으로도 주문할 수 있게 된 것이다. 모바일 쇼핑몰은 휴대폰을 이용해 상품 주문에서부터 무선 결제, 배송 확인, 실적 조회 등을 모두 처리할 수 있게 되었다.

2003년 하반기부터는 단순 소비자에게도 부담 없이 회원가입을 해 제품을 쓸 수 있는 제도가 도입되었다. 이는 사업에는 관심이 없지만 암웨이 제품을 사용하고 싶어하는 소비자들이

나 회원가입을 꺼리는 사람들에게 편리한 제도이다. 사업자 회원(ABO)이 아닌 멤버로 등록하면 회원가로 제품을 구매할 수 있으며, 이들에게는 구입 실적에 따른 적립 포인트를 주어 차후 제품을 재구매할 때 할인 혜택을 주고 있다. 물론 자기 회원번호로 구매한 제품에 대해서만 포인트를 적립해주는 것은 일반 쇼핑몰과 동일하다.

2020년 이후부터는 인스타그램이나 카카오톡(A-clicks)과도 접목해 소비자들이 좀 더 쉽게 암웨이 상품에 접근할 수 있도록 사업 환경을 구축하고 있다.

# 글로벌 암웨이 생산 제품군들

　암웨이 제품이 60년 넘도록 전 세계적으로 사랑받아온 가장 큰 이유는 제품의 우수성 때문이다. 이러한 제품의 우수성은 1천 명이 넘는 과학자, 엔지니어, 기술 전문가들이 저명한 교수들로 구성된 과학 자문위원회와 긴밀히 협업하며 암웨이 비즈니스 파트너 회사와 고객의 요구에 맞는 제품을 연구하고 개발하는 데 힘써온 결과이다.

　암웨이의 주력 생산품은 건강기능식품(뉴트리라이트), 화장품(아티스트리), 정수기(이스프링), 공기청정기(엣모스피어 스카이), 가정용품, 세제, 기호식품 등이다. 주로 건강, 미용, 환경 관련 제품들로 21세기에 각광받는 제품군이기도 하다. 이들 제품 및 서비스는 국가별, 지역 환경별, 체질별, 수질별로 맞춤 제조되어 암웨이 쇼핑몰을 통해 유통되고 있다.


## 건강기능식품(브랜드명 : 뉴트리라이트)

1920년대 초반 중국에서 제조업체를 경영했던 칼 렌보그는 사람들을 관찰하며 영양이  부족한 식사가 건강에 미치는 영향에 대해 연구하게 되었다. 식물 영양의 중요성을 깨달은 칼 렌보그는 7년 동안 여러 종류의 식물 원료로부터 영양소를 추출해 농축시키는 방법을 연구한 결과 알팔파, 물냉이, 파슬리를 영양소가 풍부한 원료 식물로 선택하게 되었다.

이렇게 선택된 식물 원료를 이용해 처음으로 멀티비타민/미네랄 영양 보급 식품을 만들게 되었고, 1934년 이 제품을 기초로 뉴트리라이트사를 설립했다. 현재 뉴트리라이트는 80년 이상 꾸준히 사랑받아온 건강기능식품과 비타민 판매 세계 1위 브랜드가 되었다.

뉴트리라이트는 미국 부에나파크에 위치한 본사 이외에 4곳의 농장을 소유하고 있으며, 이곳에서 뉴트리라이트 건강기능식품의 주원료가 되는 식물들을 직접 유기농법으로 경작하고 있다. 건강기능식품의 효과는 식물 원료가 좌우하기 때문이다.

뉴트리라이트 유기농법은 크게 2가지 개념으로 나뉜다. 하나는 건강하고 비옥한 토양을 만드는 것이고, 또 하나는 영양소를 풍부히 함유한 건강한 식물을 키워내는 것이다. 뉴트리라이트는 건강하고 비옥한 토양을 유지하기 위해 제초제나 화학비료를 사용하지 않는다. 잡초가 많이 자란 땅에 양들을 풀어놓아 잡초를 뜯어먹게 하고, 화학비료 대신 과학적으로 균형잡힌 퇴비를 사용한다. 또한 토양에 영양을 공급하기 위해 윤작을 실시하고, 지렁이와 무당벌레 등을 농장에 풀어놓는 등 인위적인 방법이 아닌 자연생태 농법을 통해 토양을 관리하고 있다.

농장에서는 해충 대피소가 군데군데 있을 정도로 해충조차 잡지 않고 자연과 공존하는 생태계 존중 농법을 실천하고 있다. 각종 농약과 살충제로 해충을 죽이지 못해 난리를 떠는 여타 농장들과는 완전히 차별화되는 이 농법은 식물이나 벌레에게도 해가 되면 사람에게도 해가 된다는 창업주의 친자연 정신의 산물이다.

뉴트리라이트는 제품의 연구 기획부터 공정 개발, 원료 추출, 완제품 생산, 유통, 소비자 교육까지 통틀어 맡고 있는 것으로 유명하다. 이렇게 엄선해서 만든 건강기능식품은 암웨이 매출에서 제일 큰 비중을 차지한다. 대표 제품으로는 80년 이상의 역사를 가지고 있는 멀티비타민인 '더블엑스'와 '아세로라C', '칼맥디', '새몬오메가3' 등이 있다.


## 화장품(브랜드명: 아티스트리)

아티스트리는 첨단 연구 장비와 설비로 원료 선정에서부터 가공, 생산, 포장, 유통, 교육에 이르기까지 대부분의 화장품들을 직접 생산하고 유통시키는데, 이는 세계적으로도 드문 일이다. 왜냐하면 세계 유수 화장품 업체도 대부분 외주 생산을 하고 있기 때문이다.

아티스트리는 전 세계적인 브랜드인 클리닉, 랑콤, 에스티로더, 샤넬 등과 어깨를 나란히 하고 있다. 광고가 유난히 많은 화장품 업계에서 광고와 대리점 없이 아티스트리가 이처럼 인기를 얻을 수 있었던 이유는 제품의 품질과 가격 때문이다.

아티스트리는 뉴트리라이트 농장에서 직접 재배한 식물 원료를 상당 부분 화장품 원료로 채택하며, 동물실험을 하지 않는 등 안전한 식물 원료를 베이스로 한 순식물성 화장품을 지향하고 있다.

이러한 자신감을 바탕으로 아티스트리 화장품은 샘플을 제공하지 않는 것으로 유명하다. 써보고 마음에 들지 않으면 100% 환불해주며, 가격은 유명 화장품의 3분의 1에서 2분의 1 수준이어서 특히 품질을 꼼꼼히 따져보는 실용적인 여성들에게 인기가 많다. 유아, 어린이, 중장년 여성과 남성은 물론 노년층까지 만족시키는 화장품 라인을 모두 가지고 있다.

## 가정용품

가정용품으로는 정수기(이스프링), 공기청정기(엣모스피어 스카이), 영양 냄비(암웨이 퀸) 등이 있다. 모두 암웨이의 탁월한 기술력을 보여주는 제품들이다.

● 정수기 '이스프링'

암웨이의 정수기는 세계 시장점유율 1위를 기록할 정도로

품질과 서비스를 인정받고 있
다. 이는 깨끗한 물과 영양소가
살아 있는 물, 중금속이나 유해

화학물질로부터 안전한 물을 지향한다. 사용량에 따라 필터 교
환 시기를 센서가 모니터링해주며, 소비자들 스스로 필터를 손
쉽게 교체할 수 있도록 설계된 점도 큰 장점이다.

● 공기청정기 '엣모스피어 스카이'

암웨이의 공기청정기는 최근
미세먼지 등 대기오염이 심해지
면서 많은 사랑을 받고 있는데,

저소음에 탁월한 공기청정 능력까지 자랑할 정도로 품질이 뛰
어나다.

청정기의 핵심은 필터인데, 먼지를 제거해주는 집진 필터와
냄새나 화학물질을 걸러주는 탈취 필터는 단연코 세계 최고 수
준이다. 이를 객관적으로 평가해주는 세계적 인증기관인 영국
알러지 재단과 유럽 알레르기 연구 재단의 까다로운 인증 항목
기준을 모두 통과한 세계 유일의 공기청정기다. 자동차용 공기
청정기인 '엣모스피어 드라이브'도 차량용으로는 세계 최초로
영국 알레르기 재단의 인증을 받았다.

● 영양 냄비 '암웨이 퀸'

영양 냄비 '암웨이 퀸'은 저
수분 요리가 가능해 영양 손실
을 최소화할 수 있으며, 열전도

**AMWAY QUEEN™**

율이 뛰어나 최소한의 연료로 요리를 할 수 있다.

원재료의 맛과 영양까지 살아 있는 요리를 혼자서도 쉽게 할
수 있도록 인체에 안전한 최고급 스테인리스로 만들어졌다. '암
웨이 퀸' 제품으로는 대형·중형 프라이팬, 대형·중형 소스팬,
웍, 스튜포트, 인덕션레인지, 아이쿡 나이프웨어(나이프 세트, 산
도쿠 나이프, 페티 나이프, 다용도 가위) 등이 있다. 쉽고 빠른 요리
가 가능한 '암웨이 퀸'은 냄비 하나로 빵, 케이크, 과자, 떡 등은
물론 모든 요리를 할 수 있어 주부들의 요리 부담을 덜어준다.


## 퍼스널케어 제품

퍼스널케어 제품에는 구강 청결 용품(글리스터), 보디케어 제
품(지앤에이치), 헤어케어 제품(새티니크), 유기농 화장품(베르가닉)
이 있다.

● 구강 청결 용품 '글리스터'

치약, 칫솔, 마우스 스프레이 등이 있는데 충치 예방과 프라그 제거, 구취 예방에 탁월하

다. 치약에 들어가는 연마제나 계면활성제는 인체에 안전한 자연 원료로 만든 것이어서 양치질한 뒤에 건강한 개운함을 느낄 수 있다. 칫솔은 풍치를 유발하지 않게 끝이 부드러운 칫솔모를 쓰며, 칫솔 본체가 인체공학적으로 만들어져 구강 안쪽까지 닦을 수 있고 잇몸에 충격을 주지 않게 설계되어 있어 양치질을 하다가 피가 나거나 다치는 일이 없다.

● 보디케어 제품 '지앤에이치'

식물 원료의 배합으로 인체에 안전하며, 환경을 오염시키지 않도록 설계되었다. 보디샴푸, 보디로션, 비누 등이 있다.

● 헤어케어 제품 '새티니크'

샴푸와 린스, 기타 헤어용품을 포함하며, 머릿결이나 염색

머리, 탈모 등 헤어 상태에 따라 선택할 수 있는 용품을 다양하게 선보이고 있다. 아울러 두피에 유익한 성분은 남기고 더러운 노폐물만 제거하는 기술을 보유해 거품이 한두 번의 헹굼으로도 쉽게 씻겨 내려가 청량감을 준다.

● 유기농 화장품 '베르가닉'

유기농 화장품 브랜드인 '베르가닉'은 연약하고 민감한 피부를 건강하게 가꾸어주는 유기농  제품만을 까다롭게 평가하는 세계적인 인증 기구 에코서트와 프랑스 인증 기구 코스메비오의 인증 마크를 획득했다. 베르가닉의 모든 제품은 최소 95% 이상 자연 유래 성분으로 만들고, 10% 이상 철저하게 인증받은 유기농 성분을 담고 있다. 인공색소, 인공향, 파라벤을 일절 사용하지 않는다.

## 프리미엄 세제(브랜드명 : 암웨이 홈)

'암웨이 홈'이 50년 이상의 독자적인 기술로 개발한 바이오쿼스트 포뮬러는 피부를 민감하게 자극할 수 있는 잔여물을

남기지 않고 더 깔끔한 옷, 더 깨
끗한 접시, 더 빛나는 바닥을 만
들어주는 강력한 세정 기술이다.

'암웨이 홈'이 제조하는 세제는 대부분 고농축 제품으로 용
기에 덜어서 작게는 1:1에서 100:1까지 물에 희석해서 쓰도록
되어 있다. 고농축 세제를 만들려면 고도의 기술력이 필요한데,
세제 용기 사용량과 창고 운반비 등을 대폭 줄일 수 있어 친환
경적인 데다 원가를 대폭 낮춘다는 장점이 있다. 모든 세제는
물에 잘 용해되는 생분해성에 인산염을 쓰지 않고도 표백 효과
가 뛰어나 친환경 세제로 많이 알려져 있다. 이러한 노력이 결
실을 맺어 미국 환경보호국에서 인체와 환경에 안전한 세제라
고 인증했다.

세탁용 제품(SA8), 표면 세정용 제품(LOC), 주방 세정용 제품
(디쉬드랍스)이 있다.


## 원포원 제품

원포원 전략으로 암웨이 쇼핑몰에 들어온 원포원(One-for-
One) 제품은 한국 시장에만 들어와 있는 특화된 제품들로 구

성되어 있다.

원포원 전략이란 암웨이 제  품 1가지를 국내에 들여오면 한

국 제품 1가지를 취급함으로써 국내 산업 발전에 일익을 담당하겠다는 현지화 전략이다. 이는 1997년 말 IMF 구제금융 시기에 어려움을 겪고 있는 국내 기업들을 살려보자는 취지에서 기획되었으며, 협력사는 암웨이의 까다로운 품질 기준을 맞추기 위해 노력하고 한국암웨이는 마케팅 노하우와 유통망을 제공해 협력사의 성장을 지원하면서 상생을 실현하고 있다.

1998년 4월부터 시작한 원포원 전략은 시장 상황과 맞아떨어지면서 급성장했다. 판로가 없는 우수한 중소기업의 제품을 암웨이 네트워크를 통해 유통시킨 원포원 전략은 도입된 지 수년 만에 암웨이 총 매출의 20% 내외를 기록했다. 최근에는 사조, 하림펫푸드, 정기품, 종가집김치, 유한킴벌리 등의 국내 유수 제품들이 위탁 판매되고 있다.

원포원 제품으로는 간장, 고추장, 된장, 식용유, 참기름, 들기름, 김, 미역, 김치, 라면, 커피, 분유, 생리대, 화장지, 음료 등 일상용품이다. 국내 제품 중에서 뛰어난 제품들만 엄선해서 들어오기에 안심하고 구매할 수 있다.

# 암웨이 쇼핑몰의
# 사업 지원 도구

암웨이 쇼핑몰은 이렇게 많은 제품을 회원가에 구매할 수 있다는 특전 이외에 구전 노력을 보상하는 캐시백을 받을 수 있다는 점이 매력이다. 광고를 하지 않는 암웨이의 특성상 구전한 회원들에게 구전을 통한 광고비와 유통비를 지급하고 있기 때문에 캐시백 혜택을 받는 회원들이 계속 늘고 있다.

쇼핑몰 내의 비즈니스 지원 섹션에서는 주문 내역 및 실적 조회, 보너스 상황을 조회할 수 있으며, 주문 및 배달 상황도 한눈에 파악할 수 있다. 따라서 언제든지 쇼핑몰 내 가상 사무실에 들어가면 화면에 다음과 같은 메시지를 확인해볼 수 있다.

‘월초부터 지금까지 당신의 사이트에서 1천여 건의 쇼핑이 일어났고 이들이 구입한 총 금액은 1억 원입니다. 또 이 달 들어 신규 가입한 회원은 100명입니다. 당신에게 지급될 보너스는 대략 550만 원 정도 됩니다.’

이런 메시지가 여러분의 가상 사무실에 띄워진다면 얼마나 좋을까? 그리고 이러한 일들이 매달 일어난다면 몇 년 후 여러분은 어떤 모습일까? 상상해보라.

이것은 결코 환상이 아니다. 왜냐하면 필자가 경험해왔고, 수많은 암웨이 회원들이 지금 이 순간에도 자신의 사업 현황을 실시간으로 모니터링하고 있기 때문이다.

# 암웨이의
# 미래

 앞으로는 지금의 암웨이 제품과 원포원 제품 이외에 유무선 통신 상품과 초고속 통신망, 인터넷 교육 사업, 통신 기기, 전력·수도·가스 등의 무형 서비스도 암웨이 쇼핑몰로 연결될 것이며, 그 비중이 점점 더 커질 것이다.

 아날로그 상품에 의한 마일리지 적립도 있지만 디지털 상품이나 서비스 상품에 대한 마일리지 비중도 커져서 제휴 서비스가 더 활성화될 것이다. 이렇게 되면 인터넷상에서 취급되는 거의 모든 품목이 파트너 숍의 형태, 제휴사의 형태, 위탁 판매의 형태 등 다양한 모습으로 연결될 것이다. 즉 암웨이 쇼핑몰에서 모든 것을 해결할 수 있는 매머드급 원스톱 쇼핑몰이 등장하게 될 것이다. 미국암웨이 쇼핑몰이 그런 형태로 가고 있고, 한국 암웨이의 쇼핑몰도 그렇게 발전하게 될 것이다. 이렇게 제품과 서비스가 많아지면 누군가에게 제품을 전달하지 않아도 자가 소비만으로 많은 점수를 적립받을 수 있어 삶 자체가 사업이 될 것이고, 사업이 더욱 쉬워질 것으로 예상된다.

아울러 한국인들은 카카오톡이나 인스타그램 등 SNS를 많이 하는데, 직접 대면이 아닌 이렇게 문자나 카카오톡 등 SNS를 통해서도 제품 안내나 네트워크 형성을 보다 손쉽게 할 수 있는 사업 환경이 만들어지고 있다.

특히 코로나19 이후 암웨이 오프라인상의 미팅이 온라인상의 줌(Zoom)이나 카카오TV 미팅으로 빠르게 대체되고 있다. 따라서, 스마트폰만으로도 정보를 전달하거나 교육하는 데 전혀 무리가 없는 사업환경이 구축되었기에 원거리 후원이나 이동에 제약이 있는 사람도 얼마든지 의지만 있으면 집에서 재택사업을 할 수 있게 되었다. 또한 소비자는 암웨이 쇼핑몰에 직접 들어가지 않거나 암웨이 회원으로 가입하지 않아도 카카오톡 등을 통해 제품 안내를 받고 구입해도 자신의 실적이 자연스럽게 쌓이게 된다.

암웨이는 제품을 체험해보고 그 제품에 대한 감동을 통해 회원을 늘려가는 일이어서 제품에 대해 정보를 정확히 전달하고 회원가입 시 얻을 수 있는 혜택을 잘 설명할 수 있어야 하는데 초보 회원들은 능숙해지기까지 시간이 꽤 걸린다. 현재 한국암웨이에서 양질의 콘텐츠와 제품 정보, 사업 정보 등을 데이터베이스 형태로 잘 구축해놓았으니 이를 잘 활용할 수 있다면 훨씬 쉽게 사업을 할 수 있게 될 것이다. 그런 날이 현실이 될 날이 점점 다가오고 있다.

# 제8장

# Q&A
## 암웨이에 대한
## 궁금증 해소하기

천재 문학가 괴테는 "이해할 수 없으면 소유할 수 없다"고 했다. 암웨이 사업의 기본 개념은 간단하지만, 암웨이만큼 대중의 잘못된 선입견 때문에 오해받는 기업도 없는 것 같다. 필자가 1998년 경제연구소에 다닐 때 받았던 "제 형수가 암웨이 사업을 한다는데 암웨이 사업을 해도 괜찮은가요?"라는 질문을 20년이 지난 지금도 가끔 받는 것을 보면 말이다.

이 장에서는 암웨이를 궁금해하는 사람들의 질문과 암웨이 본사의 그룹 홈페이지에서 답변한 내용들을 참고해 인용, 정리해보았다.

이 사업은 얼마만큼 책임감과
헌신적인 마음으로 사업을 진행하느냐에 따라
성공이 좌우됩니다.
그렇기 때문에 항상
상대방을 그 모습 그대로 인정해주면서
나 스스로 파트너들에게
모범이 되도록 솔선수범해야 합니다.

김명희&김창음
암웨이 FCA 성공자 인터뷰 중에서

# 암웨이 사업과 관련된
# Q&A

**Q** 암웨이 사업은 합법적인 다단계 사업이라고 들었습니다만, 피라미드와의 차이점은 무엇인가요?

**A** 암웨이 사업의 핵심은 사업자와 소비자에게 최상의 제품과 훌륭한 사업 기회를 제공하는 것입니다.

암웨이 사업은 '방문판매 등에 관한 법률'이 정한 바에 따라 운영됩니다. 오랜 역사와 전통을 가진 글로벌 회사 암웨이는 사업자들에게 품질이 우수한 다양한 제품을 통해 사업을 지원하고 사업자의 노력과 성취에 대한 합리적이고 공정한 보상을 제공합니다. 철저한 품질 관리와 최신 설비로 생산된 다양한 제품은 소비자 만족 보증 제도에 의해 철저히 보증되고 있습니다.

반면, 피라미드는 법률에서 인정하지 않는 불법 판매 방식이며, 제품 판매가 아닌 유사 수신행위를 통해 금전 배당을 목적으로 합니다. 사업자가 되기 위한 조건으로 부당한 가격의 제품을 강제로 사게 하거나 매월 소비를 강요합니다. 하위 사업자가 생기지 않을 경우 피라미드 조직이 붕괴해 심각한 피해를 입기도 합니다.

 **암웨이 사업자들은 어떻게 돈을 버나요?**

A 암웨이 사업자들이 수익을 올리는 방법은 구전과 후원 수당입니다.

암웨이 사업자는 제품을 소비하거나 구전으로 제품 정보를 전달한 실적에 따라 보너스를 받습니다. 또한 자신이 속해 있는 그룹의 실적에 따라 추가 보너스를, 그룹의 성장에 기여한 정도에 따라 성장 인센티브를 받습니다. 인센티브는 여행 프로그램(NCA : Non Cash Award)과 사업 성장 특별보상 프로그램(GIP : Growth Incentive Program) 등으로 구성되어 있습니다.

**Q** 암웨이 사업을 하다가 그만두는 이유가 뭔가요?

**A** 직접판매 방식이 회원 모두에게 맞지 않을 수 있습니다. 암웨이 사업을 하다가 다른 일을 선택하는 이유로는 여러 가지가 있습니다. 어떤 사람들은 이러한 노력이 본인과 맞지 않는다는 이유로 사업을 그만둡니다. 개인적인 집안 사정과 경제 사정, 건강 때문에 그만두기도 합니다. 우리가 운동을 하다가 그만두는 것처럼 다양한 이유가 있을 것입니다.

특히 암웨이 사업을 시작하는 데는 초기 자금이라던가 창업 비용과 같은 위험 부담이 적습니다. 따라서 사람들은 금전적인 손해가 없으니 떠나기도 쉽습니다. 그럼에도 떠나는 사람들보다 암웨이 사업을 지속하는 사업자들이 훨씬 더 많습니다.

**Q** 암웨이 사업자들은 돈을 벌기 위해 후원을 해야만 하나요?

**A** 아닙니다. 암웨이에서 사업자들은 제품을 소비하거나 구전을 통해 수익을 창출할 수 있습니다.

암웨이에서 판매되는 대부분의 제품에는 보너스가 포함되어 있습니다. 사업자들은 암웨이의 보상(캐시백) 기준과 원칙에 따라 속해 있는 그룹 내에서 수익을 함께 창출하게 됩니다. 만약 이들 그룹의 누구라도 제품을 소비하거나 구전하지 않는다면 돈을 벌 수 있는 사람은 없습니다. 하지만 사업자들은 더 큰 매출을 달성하기 위해 후원을 병행하고 있습니다. 더 많은 사람들이 제품을 소비하거나 구전하면 그룹의 매출이 증가하기 때문입니다. 이는 일반적인 소매업들이 더 많은 점포를 가지려고 애쓰는 것과 같은 활동이라 할 수 있습니다. 판매 지점이 많을수록 더 많은 고객들과 만날 수 있기 때문입니다.

**Q** 암웨이 사업자들이 구전보다 후원에 더 치중하는 것처럼 보이는데, 이유가 뭔가요?

**A** 암웨이 사업은 제품의 소비나 구전을 하지 않고는 돈을 벌 수 없습니다.

암웨이 사업자가 100만 명의 사람들을 후원했더라도 그중 누구라도 제품을 소비하거나 구전하지 못했다면 돈을 벌 수 있는 사람은 없습니다. 그러한 이유로 당연히 사업자들은 제품을 소비하고 구전하는 것에 더 관심이 있습니다.

암웨이 사업자들은 소비자들이 일회성 구매에 그치지 않고, 정기적으로 제품을 자가 소비할 수 있도록 안내하고 있습니다.

그리고 우수한 제품을 더 많은 소비자에게 제공하기 위해 팀을 효율적으로 구성해 비즈니스를 함께 하고자 합니다. 그래서 조건 없는 후원이 아닌 사업자 본인이 관리할 수 있는 가장 효율적인 팀을 만들기 위해 후원도 병행하는 것입니다. 암웨이에서 한 명의 사업자는 하나의 점포와 같습니다. 고객과의 접점을 늘리기 위해 후원을 하는 것입니다.

## Q 수익이 그룹의 상위 사업자들에게 몰리지는 않나요?

A 모두 같은 양의 제품을 소비하면 상위 사업자들이 더 큰 수익을 낼 수도 있습니다.

하지만 이것은 제품 전달에 의한 차등 지급이 아닌 팀 조직을 일구고 개발한 것에 대한 보상이며, 그룹을 효과적으로 운영할 수 있도록 하는 일종의 지원입니다. 암웨이에서는 자신에게 사업을 소개해준 상위 사업자보다 수익이 더 많은 역전 현상도 흔히 발생합니다. 암웨이에서는 단순히 먼저 가입했다는 이유로 받을 수 있는 혜택은 없습니다.

**Q** 암웨이로 성공하기까지 얼마나 걸립니까?

**A** 성공의 정의는 개인마다 다릅니다. 암웨이 사업자들은 본인의 목표가 무엇인지, 얼마나 많은 시간을 암웨이 사업에 투자할 것인지를 스스로 선택하고 결정할 수 있습니다.

보상과 인정은 사업의 성과에 기반을 두기 때문에 목표가 큰 사람은 더욱 많은 노력을 할 것이고, 작은 목표를 가진 사람은 그에 맞는 노력을 하게 됩니다. 어떤 이에게는 목표한 만큼의 여분 수익이 성공일 것이며, 어떤 사람에게는 암웨이 사업을 통해 스피치 능력, 마케팅 노하우, 시간 관리 및 회계 등의 지식을 습득하게 되는 것을 성공이라 여길 수도 있는 것입니다.

# 암웨이 제품과 관련된 Q&A

 **Q** **암웨이 제품이 비싸다는데, 사실인가요?**

**A** 암웨이 제품의 우수성과 그 효과는 이미 입증되었습니다. 암웨이 제품의 가격은 원료 작물의 생산과 재배, 생산된 제품의 품질 관리와 임상 연구 등 다양한 요소들을 고려해 책정됩니다. 특히 '뉴트리라이트'와 '아티스트리' 제품은 원료 성분의 우수성이 입증되었을 뿐만 아니라 이를 위해 회사는 연구 개발과 품질 관리에도 끊임없이 투자를 하고 있습니다. 그리고 소비자 만족 보증 제도를 도입해 소비자들에게 최상의 제품을 제공하기 위한 노력을 이어가는 점을 생각하면 비싸다고는 할

수 없을 것입니다.

# Q 암웨이는 어떠한 것들을 판매하나요?

A 암웨이는 '뉴트리라이트'와 '아티스트리' 등 다양한 브랜드를 보유하고 있으며, 450가지 이상의 제품을 직접 생산하고 있습니다.

　주요 제품으로는 '뉴트리라이트'의 건강기능식품을 비롯해 '아티스트리'의 스킨케어 및 메이크업 제품, 가정용 정수기 '이스프링'과 공기청정기 '엣모스피어 스카이' 등이 있습니다. 그 외에도 주방 세제와 치약 등 다양한 제품이 많은 소비자로부터 사랑을 받고 있습니다.

# Q 암웨이 제품은 안전한가요?

A 네. 암웨이 제품의 안전성은 판매되는 모든 국가의 규제와 표준에 적합하거나 그 이상입니다.

세계적으로 암웨이의 연구소는 3만 가지 이상의 품질 검사 또한 수행하고 있습니다. 그뿐만 아니라 제품의 품질을 보증하는 소비자 만족 보증 제도도 시행하고 있습니다.

## Q 왜 일반 상점에서 판매하지 않나요?

A 암웨이는 소비자들 간의 관계와 유대에 기반을 둔 구전과 후원을 가장 가치 있게 여깁니다.

이러한 가치를 바탕으로 한 회원 직접판매는 암웨이 창립 이후 지금까지 변함없이 지켜온 암웨이의 사업 방식입니다. 두 사람의 창업자로부터 시작된 이 방식은 현재 100여 개 이상의 국가와 지역에서 동일하게 운영되고 있습니다. 그래서 일반 상점에서는 암웨이 제품을 판매하지 않고 암웨이 회원들을 통해서만 유통시킵니다. 그러면 소비자들은 암웨이의 제품을 가장 잘 이해하고 고객 만족을 최우선으로 살피는 암웨이 회원들로부터 제품을 소개받고, 암웨이가 운영하는 온라인 쇼핑몰이나 카카오톡 등을 통해서도 제품을 구매할 수 있습니다.

**Q** 암웨이 제품을 판매하기 위해서는 사업자 각자가 제품을 다량으로 확보해야 하나요?

**A** 암웨이는 어떠한 경우에도 사업자들에게 제품 구매를 강요하지 않습니다.

사업자들은 제품이 필요할 때마다 바로 주문하고 원하는 곳에서 받아볼 수 있으므로 재고를 쌓아둘 필요가 없습니다. 암웨이 쇼핑몰이 있기 전에는 제품 구매가 복잡하고 제품 배송 시간이 오래 걸렸기에 한 번 살 때 많이 사놓았던 때가 있었다고 합니다. 그러나 지금은 오전에 주문하면 다음날 배송되므로 굳이 재고를 쌓아놓을 필요가 없습니다.

# 암웨이 관련 기타
# Q&A

**Q** 암웨이에 대해 다양한 의견이 있는 이유는 무엇인가요?

**A** 대부분의 암웨이 사업자들은 암웨이에 대한 긍정적인 경험이 있으며, 그 경험을 다른 사람들과 공유하고자 노력합니다.

다른 사람에게 경험을 전달할 때 정확하고 공정하게 설명해야 하는데, 사업자 개인의 성향과 경험의 폭에 따라 제품 및 사업의 이해 수준이 달라 커뮤니케이션에 편차가 생겨서 그런 것 같습니다. 암웨이가 완벽한 기업은 아니지만 암웨이와 관련된 모든 것에 대해 소비자가 긍정적인 경험을 할 수 있도록 최선의 노력을 다하고 있습니다. 혹여 암웨이의 제품에서 긍정적인 경험을 하지 못하는 사람이 있을 것을 감안해 소비자 만족 보증 제도를 두고 있으며, 이를 통해 환불받을 수 있습니다.

**Q** 암웨이를 직접판매 사업으로 생각해 부정적으로 인식하고 있는데, 왜 그런가요?

**A** 한국에는 암웨이가 1991년에 들어왔습니다. 세제 5가지를 가지고요. 당시 세제 가격이 5천 원이었고, 물에 희석해서 사용하는 제품으로 1개를 사면 6개월에서 1년 정도 사용하다 보니 재구매가 쉽게 이루어지지 않았고 구전 점수 올리기도 어려웠지요. 그래서 사업자들이 물건을 팔러 다녔고, 이로 인해 다단계판매라는 부정적인 인식이 생겼어요.

그러나 지금은 제품 수가 1천여 가지나 되고 대부분 인터넷이나 전화로 주문해서 구매하고 있습니다. 그러니 매월 자가 소비만 해도 30만~50만 원 이상이 되어 제품을 팔기보다는 쇼핑몰을 안내하는 것으로도 사업이 되는 네트워크마케팅 형태로 발전된 것입니다. 예전처럼 오프라인상에서 물건을 팔러 다니거나 배달하는 방식이 지금까지 유지됐다면 사업자들이 부업으로 하기도, 어느 정도 이상의 수입을 만들기도 쉽지 않았을 것입니다.

**Q** 인터넷 쇼핑몰의 발달과 함께 더는 직접판매 방식이 적합하지 않다는 걱정은 하지 않나요?

**A** 암웨이는 회원 직접판매 방식이 요즘 추세에도 적합하다고 생각합니다.

요즘 소비자들은 제품을 구매할 때 지인의 추천과 의견을 중요한 요소로 생각합니다. 암웨이는 사람과 사람의 관계를 통해 사업을 하도록 설계된 만큼 사업자들은 인터넷과 소셜미디어 등을 통해 자신들이 직접 사용한 제품에 관해 적극적으로 전달합니다. 물론 온라인 쇼핑몰의 발전에 맞춰 사업자가 더욱 쉽게 제품을 구매할 수 있는 여건 또한 갖춰져 있습니다.


**Q** 암웨이 회원가입을 권유하는 친구와의 관계를 생각해서 가입하려 하는데, 혹시 손해를 보진 않을까요?

**A** 암웨이 회원으로 가입해서 제품 전달을 통한 사업을 진행할 수도 있고, 소비만 할 수도 있습니다.

이는 전적으로 당사자의 결정에 달려 있습니다. 회원 직접판매는 '방문판매 등에 관한 법률'에서 인정하고 있으며, 한국암웨이는 국내 관련 법규를 준수하며 글로벌 선도 기업으로서 높은 수준의 윤리 기준에 맞춰 사업을 진행하고 있습니다. 또한 소비자 보호를 위해 소비자 만족 보증 제도를 운용하고 있으니 안심하셔도 됩니다.

**Q** 주변에 암웨이를 한다는 사람들이 많은데, 열심히 하는 사람도 있고 그냥저냥 하는 사람도 있어요. 사업 패턴이 따로 있나요?

**A** 암웨이 사업자들은 크게 세 부류로 나눌 수 있습니다. 취미로 하는 사람, 부업으로 하는 사람, 사업가 마인드를 가지고 하는 사람입니다.

취미로 암웨이를 하는 사람은 가까운 누군가가 홈미팅을 할 때 가끔 참석해 요리나 건강 원리를 배우고 수다도 떨고 좋은 제품에 대해 공부도 하면서 제품을 가끔 주문하는 사람으로, 아무런 부담도 목표도 없이 미팅이 유익하니 참석합니다. 그리고 기존에 쓰던 생필품을 암웨이 제품으로 바꿔가면서 가끔은 지인들로부터 제품을 주문받아 전달해줍니다. 이런 유형은 소비자형 암웨이 회원이라 할 수 있습니다. 제품을 제대로 이해해 자가 소비하는 취미 활동 정도로 암웨이 사업을 합니다. 소비 규모도 작고 구전도 소극적이어서 많은 캐시백을 받지는 않습니다.

부업으로 암웨이를 하는 사람들은 미팅에 몇 번 참석해보기도 하고, 몇 가지 제품을 써보니 좋기도 해서 계속 쓰다 보니 정말 좋아서 거의 전 제품을 애용하는 유형입니다. 또 캐시백 설명을 들어보니 이해가 되고 굳이 암웨이 사업을 거부할 필요도 없다고 생각하는 사람들로, 암웨이와 그 제품을 좋아합니다. 그러다 보니 암웨이 제품을 적극적으로 애용하고 주변에 전하기는 하는데 살짝 겁이 나서 본격적으로 나서지는 못하지요. 그래서 캐시백 수준이 월 수십만 원 정도입니다. 이런 유형은 애용자형 암웨이 회원이라 할 수 있는데, 주위에서 암웨이를 한다는 사람들은 대부분 이 정도 수준입니다. 이 유형에서 중요한 것은 구전 능력입니다.

사업으로서 암웨이를 하는 사람들은 진짜 사업가처럼 미팅에 열심히 참석해서 배우고, 자기계발도 하고, 목표를 세워서 계획적으로 네트워크를 확장해가는 사람들로 캐시백을 최소 월 100만 원 이상 받습니다. 이런 유형은 주위에 자신이 암웨이 사업을 시작했다고 알리고 미팅이나 행사에 적극적으로 참여하고 후원하는 사업가형 암웨이 회원이라 할 수 있습니다. 이 유형에서 가장 중요한 요소는 후원입니다. 후원은 인간관계 능력과 리더십 등의 능력이 요구되는데, 애용자 네트워크를 늘려가다 보면 저절로 키워집니다. 이 단계의 회원들은 대부분 인세와 같은 자산 수입을 받습니다.

암웨이 사업의 성공은 단순히
개인의 성공이 아니라고 생각합니다.
다이아몬드가 된 이후에는
더 이상 개인사업이 아닙니다.
파트너들과의 팀워크 없이는
그 어떤 성공도 불가능하지요.
조금 모자란다 싶은 사람도, 넘친다 싶은 사람도
하나로 모여 몇십 배의 힘을 발휘하는 것이
암웨이 사업입니다.

이동철&김묘순
암웨이 CA 성공자 인터뷰 중에서

# 암웨이 사업의 본질

많은 사람이 암웨이를 안다고 하지만 암웨이를 제대로 아는 사람들은 별로 없다. 암웨이 제품을 한두 번 써보거나 보상 플랜을 한두 번 들어봤다고 다 아는 것처럼 착각한다. 젊은이들이 선망하는 회사가 삼성전자인데, 여러분은 삼성전자를 잘 아는가? 대부분 안다고 할 것이다. '그럼, 무얼 아느냐'고 물으면 대부분 대답을 못 한다. 암웨이에 대해서도 그 수준이다. 언론에 노출된 기사 몇 줄과 옆집 누군가가 하는 얘기를 듣고 '나도 암웨이를 안다'고 단정한다.

암웨이는 그렇게 간단하지 않다. 필자가 20년 이상 책을 보고 연구하고 제품을 써보고 사업 활동을 해보고 암웨이 본사도 방문해보고 큰 행사들도 참여해봤지만, 암웨이를 여전히 다 알지는 못한다. 하지만 분명한 것은 암웨이는 경제적인 자립을 통해 내가 꿈꾸는 자유로운 인생을 살도록 기회를 주고, 여전히 많은 사람에게 꿈과 희망을 주고 있다는 사실이다.

사람들은 돈을 벌기에 급급한 인생에서 가치 있는 꿈을 추구하는 인생을 살 때 비로소 삶의 의미와 보람을 느끼고 자존감을 높이게 된다. 암웨이 사업이 이를 가능하게 해주지만, 암웨이를 통해 경제적인 자립을 이루려면 반드시 암웨이 사업의 본질을 깨닫고 행동으로 옮겨야 한다. 암웨이를 취미 삼아 하면 경제적인 자립을 이룰 수 없다. 암웨이를 사업처럼 해야 경제적인 자립을 누릴 수 있다. 내가 경제적으로 자립해야 남을 도울 여유가 생긴다.

암웨이 사업의 본질은 2가지이다.

- 다른 사람이 더 나은 삶을 살 수 있도록 돕는다(Helping People live better lives).
- 성공이 입증된 암웨이 사업 시스템(프랜차이즈 사업 방식)을 배우고 그대로 가르친다.

가난과 질병은 정부도 구제하지 못한다. 무지하기에 고통받는 것이다. 가난과 질병은 오직 교육만이 구제할 수 있다. 필자는 암웨이 사업을 통해 그 가능성을 보았다.

암웨이 사업의 본질을 실현하는 미션은 3가지다.

가난과 질병으로부터 고통받는 분들에게 꿈과 희망과 용기를 주는 삶을 사는 것이 제1의 미션이다. 얼마나 많은 사람들이 영화 〈기생충〉의 군상들처럼 살고 있는가를 생각하면 마음이 아프다. 꿈도 희망도 없이 가난과 질병에 휘둘리며 인생의 무게에 짓눌려 사는 사람들에게 용기를 주고 싶다. 암웨이의 건강, 미용, 요리, 재정 교육을 통해 그들에게 희망을 주고 싶다.

제2의 미션은 암웨이 사업을 통해 더 나은 세상을 만들고, 후손에게 더 좋은 환경과 유산을 물려주는 것이다. '조직 안의 개인은 자신이 합류하기 전보다 더 나은 조직으로 만들 의무가 있다'는 말에 깊이 공감하기 때문이다. 암웨이의 제품은 대부분 친건강, 친자연, 친환경 제품들이다. 좋은 암웨이 생필품을 사용하는 것만으로도 환경오염을 막을 수 있다고 확신한다.

제3의 미션은 완벽한 사업 시스템을 통해 더 많은 사람과 성공 기회를 나누는 것이다. 암웨이 성공의 핵심은 맥도널드처럼 완벽한 시스템을 구축하고 복제해가는 것에 있다. 완벽한 시스템을 만들어낼 수 있다면 많은 사람이 행복한 인생을 살게 될 것이다. 지금까지 많은 암웨이 성공자들이 좋은 시스템을 가르쳐주고 전수해주었으니 거기에 현재의 소셜미디어 기술을 효과적으로 접목시킨다면 후배 사업자들은 더 좋은 환경에서 사업을 영위해갈 수 있을 것이다. 이 책을 쓰는 것도 그런 노력의 일환이라고 생각해주면 고맙겠다.

필자의 조그만 노력이 여러분의 사업 성장에 조금이라도 도움이 될 수 있다면 더 이상 보람이 없겠다. 여러분의 성공과 행운을 기원한다.

## ■ 암웨이 회원가입 요령

### 1. 인터넷 회원가입 : www.amway.co.kr

회원가입은 휴대폰 번호 인증만 되면 만 19세 이상 누구든지 할 수 있다. 단, 같은 휴대폰 번호로 이중 가입은 되지 않는다. 외국인도 가능하다(오전 02시00분~오전 02시30분까지는 가입이 안 됨).

### ●ABO(암웨이 사업자 회원) 가입 절차
아래 순서대로 입력하면 회원번호는 자동 생성

1. 후원자 번호를 입력해서 후원자 이름이 뜨면 확인 버튼을 누른다. 국제 후원자/국제 사업자 있는 경우만 후원자 번호를 입력한다. 없는 경우에는 무시한다.
2. 이름과 생년월일을 입력한다.
3. 휴대폰 번호 입력 후 본인 확인 인증을 한다.
   * 이미 가입되어 있다면 고객센터로 문의하라고 문자가 뜬다.
4. 이메일을 입력한다.
5. 주소를 입력한다.
6. 비밀번호 8자리(특수문자+알파벳+숫자 조합)를 설정한다.
   * 상기 회원번호와 본인이 설정한 비밀번호가 향후 암웨이 쇼핑몰 ID와 패스워드가 된다.
7. 약관 및 개인정보에 동의한다.
8. 회원가입을 완료한다.
   * 만약 배우자 공동 ABO 가입 시 배우자의 본인 확인 절차가 진행된다.

9. 후원자 확인 비밀번호, 기본 정보(주소, 본인 은행 계좌번호, 이메일 등)를 입력한다.

10. 개인정보 동의는 반드시 해놓는다.

### ●Member(단순 소비자 회원) 가입 절차

일반 쇼핑몰 가입과 동일

1. 회원가입 버튼을 누르고 우측 하단의 Member 가입 확인 버튼을 클릭한다.

2. 후원자 번호를 입력해 후원자 이름이 뜨면 확인 버튼을 클릭한다.

3. 이름과 생년월일을 입력한다.

4. 휴대폰 번호를 입력한 후 본인 확인을 인증한다.

5. 휴대폰 문자 인증 번호를 입력한다.

6. 이메일과 주소를 입력한다.

7. 회원 ID와 비밀번호는 본인이 설정(ABO 가입과 다름)한다.

## 2. AP 센터에서 회원가입 신청서 작성

1. 회원가입 신청서 작성 후 제출(가입 신청서 보면서 설명)한다.

2. 검정색 펜을 사용하고, 도장 날인을 한다.

3. 가입비가 없다.

4. 첨부 서류(FAX 전송 가능) : 본인 및 배우자의 주민등록증 사본 또는 가족관계증명서, 본인 예금통장 1면 사본

## 3. 모바일에서 가입

인터넷 가입과 동일하다.

# ■ ABO와 Member의 차이

ABO는 Amway Business Owner의 약어로 암웨이 사업자 회원을 뜻하며, 할인 혜택과 구전 노력에 대한 보상을 받고 사업적으로 확장할 수 있는 자격이 주어진다.

Member는 암웨이 제품의 구입만 원하고 보너스 지급에 관심이 없는 소비자 회원을 말하며, 본인이 구매한 실적에 대해서만 포인트 적립을 받는다. 이는 일반 쇼핑몰의 회원 제도와 동일하다. 공무원, 교사, 군인 등 법적인 제한을 받는 사람들이 주대상자이다.

## 지혜로운 선택?

| 비회원 고객 | 단순 고객(Member) | 단골 고객(ABO) |
|---|---|---|
| 소비자 가격으로 구입<br>100% 만족 보증 | 회원가로 구입<br>100% 만족 보증<br>편리한 홈쇼핑 | 회원가로 구입<br>100% 만족 보증<br>편리한 홈쇼핑<br>구전 노력 인증<br>인세 수입 가능<br>상속 가능<br>해외 여행 가능 |

- 제대로 구전하는 것이 중요
- 시스템대로 하면 누구나 성공 가능
- 시스템은 입증된 성공의 노하우

## ■ 새로 신설된 핀과 보너스(2020년 9월 이후)

2020년 9월부터 적용되는 새 회계연도에는 브론즈 핀이 신설되었고, 퍼포먼스 플러스 보너스와 퍼포먼스 엘리트 보너스, 그리고 루비 보너스가 새로 개정되었다. 이로 인해 15% 이상 달성한 회원들에게는 보너스가 현재 수령액보다 30% 상향 조정된다.

신설된 브론즈 핀은 브론즈 빌더 조건(6%가 3레그 이상 만들어진 구조)을 충족시킨 15% 핀 달성자에게 인정해주는 보너스 혜택이다. 이 보너스 혜택은 15% 이상 브론즈 빌더 자격 조건을 충족하는 SP 달성자 리더들까지 보너스 혜택을 주는 것으로 상당히 금액이 커진다. 단, 브론즈 핀 보너스는 지급 횟수가 회계연도 보너스 규정에 따라 약간 달라질 수 있다. 현재는 18개월 이내 총 12회까지 30% 보너스를 추가적으로 지급해준다. 이때의 PV 기준은 루비 PV 기준(1천만 이상 독립된 그룹 PV 제외)이다.

퍼포먼스 플러스 보너스는 1천100만~1천500만PV 미만 달성 시 예전의 보너스 21%에 추가로 2%를 보상해주고, 퍼포먼스 엘리트 보너스는 1천500만~2천만PV 미만 달성 시까지 3%를 추가로 보상해주고, 2천만PV 이상 루비 보너스 달성자에게는 5%를 추가로 보상해준다. 2020년 9월부터 적용될 보너스를 정리하면 다음 페이지와 같다.

# Core Plus+ 한눈에 보기

## Core Plus+ 초기 인센티브

- 브론즈 파운데이션
- 브론즈 빌더 인센티브+

## Core Plus+ 리더 인센티브

- 파포먼스 플러스 & 엘리트 인센티브+
- 퍼스널 그룹 성장 인센티브+
- 프론트라인 성장 인센티브+
- 연속 달성 인센티브+
- FAA 성장 인센티브+

### 보상 내용

**브론즈 키트** (상세 내용 변동 가능)
- 임웨이 베스트 제품 샘플
- 감사카드 및 초이스

**30%**
- 최초 달성 월 이후 18개월 나담성 월에 한해 지급
(단, 최대 12회까지 지급 가능)

**후원수당 15%**

**파포먼스 플러스 2%**

**파포먼스 엘리트 3%**

#### 퍼스널 그룹 성장 인센티브+

| 종류 | % |
| --- | --- |
| PQ1~11 유지 | 30% |
| PQ12 유지 | 35% |
| 1~5개 성장 | 40% |
| 6개+ 성장 | 50% |

#### 프론트라인 성장 인센티브+

다이아몬드 미만

| 종류 | % |
| --- | --- |
| 유지 | 10% |
| 1~2개 성장 | 30% |
| 3~5개 성장 | 50% |
| 6개+ 성장 | 70% |

다이아몬드 이상

| 종류 | % |
| --- | --- |
| 유지 | 30% |
| 1~2개 성장 | 60% |
| 3~6개 성장 | 80% |
| 6개+ 성장 | 100% |

#### 연속 달성 인센티브+

| 핀 | 달성 | 재달성 |
| --- | --- | --- |
| PT | 240 | 80 |
| FPT | 480 | 160 |
| SAP | 640 | 210 |
| FSAP | 960 | 320 |
| EME | 1,280 | 430 |
| FEME | 1,600 | 530 |
| DIA | 2,000 | 670 |
| FDIA | 2,400 | 800 |

#### FAA 성장 인센티브+

| FAA테이블 | | 유지 | 성장 |
| --- | --- | --- | --- |
| 10 | | | |
| 20 | | 200% | 400% |
| 27 | 4 | | |
| 35 | | | |
| 45 | | | |
| 60 | 8 | 400% | 800% |
| 75 | | | |
| 90 | | | |
| 105 | 10 | 600% | 1200% |
| 125 | | | |
| 150 | 12 | 750% | 1500% |

### 기초 보너스와 대상

| 인센티브 | 기초 보너스 | 대상 |
| --- | --- | --- |
| 브론즈 파운데이션 | - | 후원수당 9% |
| 브론즈 빌더 인센티브+ | 후원수당 15% | 루비 BV 1,100만 루비 PV 이상 |
| 파포먼스 플러스 & 엘리트 인센티브+ | 후원수당 | 플래티넘 이상 |
| 퍼스널 그룹 성장 인센티브+ | 파운더스 플래티넘 이상 | 리더십 보너스 MD 보너스 |
| 프론트라인 성장 인센티브+ | 파운더스 플래티넘 이상 | 플래티넘 ~ 파운더스 다이아몬드 |
| 연속 달성 인센티브+ | - | 파운더스 플래티넘 이상 |
| FAA 성장 인센티브+ | 월간 보너스 4종 | FAA 10점 이상 F.PT 레그 4개 이상 |

## 암웨이 우리의 신념

### 우리는 모든 사람을 존중합니다

사회 · 경제적 지위와 종교의 차이, 정치적 신념을 떠나
**모든 사람이 한 구성원**으로서 연결되어 있는
가족, 커뮤니티, 국가, 나아가 전 세계에서
성공하고 번영하며 행복할 수 있도록 다방면에서 지원합니다.

### 우리는 누구에게나 더 나은 삶을 이루기 위한
### 공정한 기회를 제공합니다

기회는 나이, 성별, 지역, 사상, 종교 등과 상관없이
**모두에게 동일하게 제공**합니다.
우리가 추구하는 가치는 시간과 공간을 초월하며
더 나은 삶을 위해 노력하는 모든 이들에게 희망을 제공하고,
정직하게 땀 흘려 이룬 성취에 대해
**충분한 인정과 보상으로 보답**합니다.

### 우리는 가치 있는 사회구성원이 되기 위해
### 최상의 윤리 기준과 도덕성을 준수합니다

우리의 행동이 사회에 미치는 영향을 인식하며
무엇을 위해 어떻게 행동할지에 대한 **책임의식 또한 잊지 않습니다**.
우리는 성숙한 자아 의식을 확신하며,
암웨이 구성원의 일부인 점을 자랑스럽게 생각합니다.

### 우리는 함께할 때 더욱 강해질 수 있다는 신념으로
### 서로를 믿고 격려합니다

서로에 대한 **믿음과 존중을 바탕**으로
건설적인 조언과 감사 또한 아끼지 않습니다.
굳건한 파트너십을 가지며,
성공은 나누고 실패는 새로운 원동력으로 삼습니다.

이 책을 보고 암웨이 쇼핑몰을 이용해보고 싶다면
회원가입 시 추천인 입력란에
ABO 번호 _____ (추천인명 :          )를
입력하면 됩니다.


무료가입이며, 의무구매액도 전혀 없고,
탈퇴가 자유로우며
할인된 회원가로 홈쇼핑이 가능하고
누군가를 소개하면 구전 노력을 자동 집계해
매월 캐시백해 드립니다.


처음에는 미미하지만
애용자가 누적되면 캐시백이 점점 커져서
용돈 이상의 큰 연금 수입처럼 불어납니다.


암웨이 쇼핑몰을 제대로 알려주고 싶은 분에게
이 책을 선물해주세요.
단, 선물 시 여러분의 ABO 번호를
상단에 꼭 적으세요.


＊ 회원가입 절차는 본 책 맨 뒤 부록을 참조하세요.

## 참고 문헌

1.  암웨이 비즈니스 가이드북, 한국암웨이, 2020

2.  어취브, 2001~2019, 한국암웨이, 2020

3.  암웨이 사업 제대로 알아보기, 강의노트, 드림비전, 김선기, 2015

4.  기요사키와 트럼프의 부자, 로버트 기요사키&도널드 트럼프, 리더스북, 2007

5.  카피캣 마케팅 101, 버크 헤지스, 금영, 1998

6.  더불어 사는 자본주의, 리치 디보스, 아름다운 사회, 1995

7.  같지만 다른 다르지만 같은, KU today, 2019 Autumn Issue

8.  수련, 배철현, 21세기북스, 2018

9.  뉴밀레니엄 시대 최고의 비즈니스, 장영, 소호미디어, 2005

10. 질문으로 시작하는 콜드컨택과 답변, 브래드 드헤이브, 나라북스, 2016

11. (재무설계) 부자 아빠의 현금흐름표 작성하는 방법 배우기, https://blog.naver.com/limseonkyu59/221595184321

12. 한국암웨이 홈페이지 사진 일부 참조

13. Pleasure&Treasure, 나카지마 가오루 FCA 50 달성 기념 책자

**경영과학박사 장영의 초연결 시대 최고의 비즈니스**

초판 1쇄 발행 ┃ 2020년 8월 19일
초판 4쇄 발행 ┃ 2023년 9월 5일

지은이   ┃ 장영
펴낸이   ┃ 강효림

편　집   ┃ 곽도경
디자인   ┃ 채지연
일러스트┃ 주영란
마케팅   ┃ 김용우

용지   ┃ 한서지업㈜
인쇄   ┃ 한영문화사

펴낸곳   ┃ 도서출판 전나무숲 檜林
출판등록┃ 1994년 7월 15일·제10-1008호
주소   ┃ 10544 경기도 고양시 덕양구 으뜸로 130
　　　　　 위프라임 트윈타워 810호
전화   ┃ 02-322-7128
팩스   ┃ 02-325-0944
홈페이지┃ www.firforest.co.kr
이메일   ┃ forest@firforest.co.kr

ISBN ┃ 979-11-88544-53-0 (13320)

인간의 건강한 삶과 문화를 한권의 책에 담는다

## 바꾸고, 버리고, 시작하라

세계 유일 '더블 크라운 앰버서더 DD' 달성, 현재 개인 연매출 900억 엔으로 암웨이 매출 세계 톱, 수많은 1인 사업자들의 멘토이자 우상…. 화려한 경력을 소유한 나카지마 가오루의 부자 되는 비법을 담았다. 어제와 다른 오늘을 꿈꾼다면 지금 당장 '부자 되는 37가지 행동법칙'을 실천하라! 분명히 운은 당신 편을 들어줄 것이다.

나카지마 가오루 지음 | 한고운 옮김 | 216쪽

## 인생에서 중요한 것은 모두 초일류에게 배웠다

세계 최고의 네트워크마케터인 저자는 세계를 무대로 최고의 성과를 내며 행복한 삶을 살 수 있게 된 비결을 초일류와 만나고 그들에게서 삶의 지혜를 배우고 실천했기 때문이라고 말한다. 사람은 살면서 누구와 만나고 무엇을 배우느냐에 따라 삶의 질을 높이고 자신을 단련시킬 힌트를 얻을 수 있다. 이 책에 실린 초일류 37명에게서 그 힌트를 찾아 실천함으로써 인생에 진정한 변화를 일으키자.

나카지마 가오루 지음 | 성백희 옮김 | 220쪽

## 지갑이 마르지 않는 평생부자

하우스 푸어(House Poor), 에듀 푸어(Edu Poor), 베이비 푸어(Baby Poor) 등 '푸어(Poor)'로 대변되는 현실에서, 축복보다는 재앙으로 다가오는 100세 시대의 목전에서 우리는 경제적으로 조금 더 똑똑해져야 한다. 이 책은 꿈과 희망을 필요로 하는 분들께 큰 도움이 되는 경제 지식과 평생 부자가 되기 위한 금융 지능을 키워주는 입문서로서 확실한 대안까지 제시한다.

윤은모 지음 | 248쪽

## 나는 왜 네트워크마케팅을 하는가

20여 년간 네트워크마케팅을 성공적으로 지속해온 저자의 진솔한 이야기와, 올바른 네트워크마케팅 회사를 변별하는 방법, 네트워크마케팅의 가능성과 비전을 보여주는 쉽고 친절한 가이드가 담겨 있다. 지금보다 더 나은 삶을 꿈꾸는 이들, 가족을 위해 스페어타이어를 준비하고픈 이들, 100세 시대를 내다보며 미래를 준비하려는 이들이라면 꼭 읽어야 할 책이다.

윤은모 지음 | 224쪽

# 전나무숲 건강편지를
## 매일 아침, e-mail로 만나세요!

전나무숲 건강편지는 매일 아침 유익한 건강 정보를 담아 회원들의 이메일로
배달됩니다. 매일 아침 30초 투자로 하루의 건강 비타민을 톡톡히 챙기세요.
도서출판 전나무숲의 네이버 블로그에는 전나무숲 건강편지 전편이 차곡차곡
정리되어 있어 언제든 필요한 내용을 찾아볼 수 있습니다.

http://blog.naver.com/firforest

 **'전나무숲 건강편지'를 메일로 받는 방법**
forest@firforest.co.kr로 이름과 이메일 주소를 보내주세요.
다음 날부터 매일 아침 건강편지가 배달됩니다.

# 유익한 건강 정보,
## 이젠 쉽고 재미있게 읽으세요!

도서출판 전나무숲의 티스토리에서는 스토리텔링 방식으로 건강 정보를
제공합니다. 누구나 쉽고 재미있게 읽을 수 있도록 구성해, 읽다 보면 자연스럽게
소중한 건강 정보를 얻을 수 있습니다.

http://firforest.tistory.com